LIVING JAPANESE

LIVING JAPANESE

A Modern Reader

Produced by
Marc Bookman

with the assistance of
Kazuko Fujii and Michiko Mishima

KODANSHA INTERNATIONAL
Tokyo • New York • London

Distributed in the United States by Kodansha America, Inc.,
114 Fifth Avenue, New York N.Y. 10011, and in the United
Kingdom and continental Europe by Kodansha Europe Ltd.,
95 Aldwych, London WC2B 4JF. Published by Kodansha
International Ltd., 17-14 Otowa 1-chome, Bunkyo-ku, Tokyo
112, and Kodansha America, Inc.

Essays from 「ベーシック：日本経済入門」 are licensed from
Nihon Keizai Shinbun, Inc. © 1990, 2nd edition, April 1993.

The short stories of Takashi Atoda, © 1985 Takashi Atoda,
are provided under license from Kodansha Ltd.

Important Expressions and Quizzes © Kazuko Fujii
and Michiko Mishima

Kenkyusha's New Collegiate Japanese-English Dictionary
was used in creating word definitions, © 1974, © 1983
Kenkyusha Ltd.

Contents

Preface

There is no greater gap in international communications to-day than that between Japanese culture, on the one hand, and individuals in other countries who would like to understand Japan as it is—not as non–Japanese-speaking journalists portray it. This gap is entirely a function of the inability of non-native speakers to access the language in printed form; hence the need for this book.

Living Japanese is an attempt to provide compelling works of fiction and non-fiction, originally written for Japanese natives, for the benefit of intermediate and advanced students of the Japanese language. The content is derived from the software program Mikan and edited into book form (see Afterword).

The first set of essays are taken from 「ベーシック：日本経済入門」(にほんけいざいにゅうもん), a book published by the highly respected Nihon Keizai Shinbunsha and written by Nikkei editor Yasuo Hirata. With the Japanese economy forever growing and the yen sailing into the ¥80's, the need to understand Japanese business has never been greater. As the second largest economy in the world after the United States, it is quick to act and full of vitality. The book provides a peek at the Japanese economy through Japanese eyes. We have selected a handful of important essays from the Nikkei book. Non-native readers should find them to be of great help in enhancing their business vocabulary.

The second set of writings included in this book are short stories by the well-known author Takashi Atoda. His "idea stories" (i.e., stories with several messages) bring the action to a clever ending and leave a lively impression on the reader's mind. They have been described by author Akira Mitsuhashi as "sketches from life." Atoda employs a variety of perspectives, seeing through eyes that are at once cool, tender, and penetrating. A careful reading of his stories reveals cynicism, a sense of fun, and even a bit of black humor.

Each work is complemented by a Word List of difficult vocabulary. The definitions take Kenkyusha's *New Collegiate Dictionary* as their point of departure, though many have been reworked to fit the context more closely. Some words, or phrases, are followed by an arrow, indicating that they receive more extensive treatment in the Important Expressions section. Here you will find grammatical, idiomatic, and other commentary. Example sentences which highlight the particular usage are provided when needed.

The Quizzes provided with each essay or short story can be used either for individual study or in a classroom setting. Answers are given on the last page of the section. The Quizzes were created not simply to test the reader's understanding but to further his or her grasp of the content.

Words and expressions that beginning and beginning-intermediate speakers might be expected to know have been omitted from the Word Lists and Important Expressions. This focuses the target audience on those of you who have reached a certain level of kanji and reading competence. Our ultimate goal, however, is to foster the ability not just to read but to read naturally with easy comprehension. This requires reading at a certain pace and without interruption. The Quizzes provide an excellent means of gauging how well you are achieving this goal.

We recommend that the text be read through once quickly to identify difficult passages. Next, the Word List should be studied and Important Expressions scanned. The first real pass on the text can then proceed, trying to minimize access to the Word List. For fuller comprehension of difficult passages, the Important Expressions should be studied in greater detail.

Although still a long way from making printed Japanese as easy to decipher as alphabetic languages, we hope, above all, that this book will allow you to read with some ease and perhaps even to enjoy the experience.

* * *

The Important Expressions were compiled by Kazuko Fujii and Michiko Mishima. Both are currently advanced-level language instructors at the Sony Language Laboratory in Tokyo. The Quizzes were prepared by Kazuko Fujii, Michiko Mishima, and Mie Shigeno of Sony Language Laboratory.

Special thanks in the production of this book go to Kodansha International's Michael Brase and Shigeyoshi Suzuki, who saw the need for the book and provided valuable editorial input.

Thanks also go to Takashi Atoda, who was more than willing to cooperate with us in the pursuit of Japanese language education. Special thanks are due to Mr. Masato Sekido of Kenkyusha, Mr. Haruki Inokuchi of Nihon Keizai Shinbunsha, and Mr. Toshinori Hoshino of Kodansha Ltd. Further appreciation is extended to Ms. Kija Kim for her editorial assistance on the Word Lists and Mr. Eric Lofgren for his continued translation services.

Marc Bookman
Palo Alto, California

Nikkei Essays

人口動態から見た
日本経済

為替相場の予測はとかくはずれますが、予測のなかで、よく当たるといわれているのが、人口動態学による長期予測（demographic trend:デモグラフィック・トレンド)です。結論からさきにいえば、その手法で占った日本経済の未来は、あまり明るくありません。これから人口の高齢化が急速に進む一方で、若い人がどんどん減ってくるからです。人口は途中で増やしたり、減らしたりできません。20年後に成人式を迎える人の数が、ことし生まれた赤ちゃんの数を上回ることはありません。厚生省人口問題研究所の予測によれば、日本の人口は2010年ごろに最大の1億2,950万人になったあと、減少に転じる見通しです。

人口を減らさないためには、ひとりの女性が一生のうちに生むこどもの数（合計特殊出生率）が2.1人前後でなければならないとされています。それが日本では1.53人程度に下がっています。このままでいけば、日本の人口は100年後には現在の約半分になります。出生率がドイツやイタリア並みの1.3前後になれば、800年後の人口は4万5,000人、日本人をすべて東京ドーム球場に入れてもなお空席ができる、という笑うに笑えないような予測まであります。

Word List

人口動態 (じんこうどうたい) population movement

為替相場 (かわせそうば) (foreign) exchange rate

予測 (よそく) a forecast

とかく apt; likely ➤ とかく〜する

はずれます／はずれる to prove wrong; be off the mark

当 (あ) たる to prove right; come true

人口動態学 (じんこうどうたいがく) study of population movement

長期予測 (ちょうきよそく) long-term forecast

結論 (けつろん) conclusion

さきに first (Note: 結論からさきに言えば = to give the conclusion first of all.)

手法 (しゅほう) method; technique

占 (うらな) った／占う to forecast; tell one's fortune

未来 (みらい) the future

人口 (じんこう) population

高齢化 (こうれいか) aging

急速に (きゅうそくに) fast; rapidly

進 (すす) む to progress

一方で (いっぽうで) while on the one hand ➤ 〜一方で

どんどん by leaps and bounds

減 (へ) って／減る to decrease; be reduced in number

途中で (とちゅうで) midway; in midcourse

増 (ふ) やし／増やす to increase

成人式 (せいじんしき) coming-of-age ceremony (for twenty-year-olds)

迎 (むか) える to approach; arrive at

赤 (あか) ちゃん baby; infant

上 (うわ) 回 (まわ) る to be more (better) than; to exceed

厚生省人口問題研究所 (こうせいしょうじんこうもんだいけんきゅうじょ) Ministry of Public Welfare Population Problem Research Center

最大 (さいだい) greatest

減少 (げんしょう) decrease

転 (てん) じる to turn; shift; alter ➤ 〜に転じる

見通し (みとおし) perspective; outlook

一生 (いっしょう) one's (whole) life; a lifetime

合計 (ごうけい) the total; the total amount

特殊出生率 (とくしゅしゅっせいりつ) Total Fertility Rate (TFR); the birth rate needed to maintain zero population growth

前後 (ぜんご) about; approximately ➤ 〜前後

とされています it is commonly held that ➤ 〜とされている

程度 (ていど) on the order of

下 (さ) がって／下がる to go (come) down; drop; fall

このままでいけば if this continues ➤ このままでいく

現在 (げんざい) present

約半分 (やくはんぶん) nearly half

並み (なみ) on the same level ➤ 〜並み

東京ドーム球場 (とうきょうドームきゅうじょう) Tokyo Dome Stadium

なお still ➤ 〜てもなお

空席 (くうせき) a vacant (unoccupied) seat

笑 (わら) う to laugh ➤ 笑うに笑えない

1992年は日本の18歳の人口がピークになった年でした。94年の成人式に出席する数がこれから20年間では最高になり、95年からは確実に減っていきます。高齢者が増えると、年金のほうも心配になりますが、若者の減少も大問題です。

　生まれてくる赤ちゃんが減り続ければ、幼稚園や小学校に通うこどもが少なくなり、ベビー洋品やこども服の売れ行きにも響いてきます。高校や大学への進学競争はやわらぐにしても、新卒者が減れば企業は必要な人手を確保できなくなります。高齢人口は増えてきますので、若い働き手は少ない数で多くのお年寄りを養う計算になり、税金や社会保険料の負担は重くなるでしょう。

　人手を多く必要としている産業の場合は、たとえ最低限の人数は集められても人件費が上昇するので、事業の継続がむずかしくなるかもしれません。その壁を乗り越えるには、ロボットなどを導入して生産性を上げるか、付加価値の高い製品の生産に切り替えるか、それとも外国人労働者に頼るか、経営者は重大な選択を迫られます。

18歳（じゅうはっさい）eighteen years old

出席（しゅっせき）する to attend

最高（さいこう）the highest; peak

確実に（かくじつに）certainly; surely; without fail

高齢者（こうれいしゃ）elderly; senior citizens

年金（ねんきん）pension

心配（しんぱい）worry; concern

若者（わかもの）the young

大問題（だいもんだい）big problem; serious question

減（へ）り続（つづ）ければ／減り続ける to keep decreasing

幼稚園（ようちえん）kindergarten

通（かよ）う go (commute) to (school, work)

ベビー用品（ようひん）baby products

こども服（ふく）children's clothing

売れ行き（うれゆき）sale(s); demand

響（ひび）いて／響く to affect; have an effect (on) → 〜に響く

進学（しんがく）going on to the next stage of education

競争（きょうそう）competition

やわらぐ to soften; lessen

にしても even though → 〜にしても

新卒者（しんそつしゃ）new (recent) graduate

企業（きぎょう）business enterprise

必要な（ひつような）necessary; needed

人手（ひとで）worker(s)

確保（かくほ）できなく／確保できる to be able to secure; to ensure

高齢（こうれい）advanced age

働き手（はたらきて）worker(s)

年寄り（としより）the old; the aged

養（やしな）う to support; provide for

計算（けいさん）calculation (Note: 計算になる = to result in [given the available facts].)

税金（ぜいきん）taxes

社会保険料（しゃかいほけんりょう）social security payments

負担（ふたん）burden

重（おも）く／重い heavy; weighty

産業（さんぎょう）industry

場合（ばあい）in the case of

たとえ even if (though)

最低限（さいていげん）minimum requirement; the minimum

集（あつ）められて／集める to gather

人件費（じんけんひ）labor costs; personnel expenses

上昇（じょうしょう）する to rise; ascend; go up

事業（じぎょう）business

継続（けいぞく）continuation; continuance

壁（かべ）(blank) wall; obstacle

乗（の）り越（こ）える to overcome → 壁を乗り越える

導入（どうにゅう）して／導入する to introduce

生産性（せいさんせい）productivity

上（あ）げる to raise

付加価値（ふかかち）added value

製品（せいひん）manufactured goods (articles); product(s)

生産（せいさん）production

切（き）り替（か）える to switch → 〜に切り替える

労働者（ろうどうしゃ）working people; labor

頼（たよ）る to rely (depend) on

経営者（けいえいしゃ）manager; management

重大な（じゅうだいな）serious; important

選択（せんたく）choice; selection

迫（せま）られ／迫られる to be pressed for → 〜を迫られる

Important Expressions

とかく〜する　[to be apt or likely to do ...; indicating a strong tendency to carry out some action usually seen as undesirable]

   ✎ 日本では、まわりの人と違ったことをすると、とかく悪く言われる。

〜一方で　[while on the one hand; whereas]

   ✎ 食べるものがなくて死者が出ている国がある一方で、食べ物をすてている国もある。
- 死者（ししゃ）fatalities

〜に転じる　[to change, turn, or shift from one thing to something quite different]

   ✎ そのスケート選手はアマチュアからプロに転じた。
- アマチュア　amateur
- プロ　professional

〜前後　[lit., either more or less: approximately]

   ✎ 彼の月給は40万円前後だろう。
- 月給（げっきゅう）monthly salary

〜とされている　[it is commonly held, thought, said, etc. that ...]

   ✎ 日本では、自分の意見をはっきり言うことはよくないことだとされている。
- 意見（いけん）opinion

このままでいく　[the current conditions continue; things go on as they are; there is no change in the present situation]

   ✎ 円高がこのままでいくと、日本は大不況になるだろう。
- 円高（えんだか）strong yen
- 不況（ふきょう）recession

〜並み　[on a level with; on a par with]

   ✎ 私の会社は給料が安い。10年勤めてもほかの会社の新入社員並みの給料だ。
- 給料（きゅうりょう）salary
- 新入社員（しんにゅうしゃいん）new employee

〜てもなお　[even if ..., still]

   ✎ ボーナスをたくさんもらったので、車を買ってもなお20万円近く残っている。
- ボーナス　bonus

笑うに笑えない　[could not laugh even if one wanted to]

　✎ かぜで熱があるが、仕事が忙しいので、会社を休むに休めない。

～に響く　[to have an adverse effect on]

　✎ 不況は来年度の採用にも響いているようだ。採用半減や採用ゼロの会社もあるという。
- 不況（ふきょう）recession
- 採用（さいよう）employment
- 半減（はんげん）50% reduction

～にしても　[even if (even though) a certain action takes place; indicating that that possibility may not occur]

　✎ 来週大阪に出張するにしても木曜には帰りますから、金曜の会議には出席できます。
- 出張（しゅっちょう）する／ to go on a business trip

壁を乗り越える　[to solve (deal with) a difficult matter with effort]

　✎ 日本語を勉強する西欧人は漢字という壁を乗り越えなければならない。
- 西欧人（せいおうじん）Westerners

～に切り替える　[to make a switch from one thing to something else quite different]

　✎ 国際化のため、漢字やひらがなをローマ字に切り替えた方がいいという人もいる。
- 国際化（こくさいか）internationalization

～を迫られる　[to be pressed or impelled to take a certain action]

　✎ 私はその仕事を引き受けるかどうか返事を迫られている。
- 引（ひ）き受（う）ける to undertake

● ●

Q|u|i|z|z|e|s

I. **Choose the appropriate items from the list below so that the following sentences match the essay.**

(1) 日本の人口は2010年からは（　）、そしてこのままだと2100年ごろには（　）だろう。

(2) 人口が減ると高齢者にとっては（　）がもらえるかどうかという心配が出てくる。

(3) 子供の数が減ると（　）といういい点はあるが、企業にとっては（　）という悪い点がある。

(4) 高齢者人口が増え、若者が減り続けると、国民にとっては（　）というわるい点がある。

(5) 若者が減ると、その影響で人件費が（　）なるだろう。そしてそのため企業は（　）に頼らなければならないかもしれない。

a. 進学競争が大変ではなくなる　b. 年金　c. 減少しはじめる　d. 税金や保険料が高くなる　e. 外国人労働者　f. 利益が増える　g. 人手が足りなくなる　h. 高く　i. 上昇　j. 二分の一になる　k. 高齢者　l. 二倍になる

II. Choose the appropriate answer to complete each sentence.

(1) 彼はむかしは商社に勤めていたが、その後スナックのオーナーに（　）。
　a. 変化した　　　　　　c. 変えた
　b. 転じた

(2) 彼女はたいへんよく仕事ができるので、男性（　）給料をもらっている。
　a. 同じの　　　　　　　c. ともの
　b. 並の

(3) X社はY社との取引をやめるかどうか、決定を（　）。
　a. 考えられている　　　c. されている
　b. 迫られている

(4) もし戦争になる（　）私が生きているうちにはならないだろう。
　a. にしても　　　　　　c. から
　b. なら

III. For numbers (1)–(5) below, circle those in which the paired sentences have the same meaning.

(1) 月給が40万円を上回った。
　　月給が40万円より多かった。

(2) わが社ではコンピューターをＩＢＭに切り替えた。
　　わが社では前からＩＢＭのコンピューターを使っていた。

(3) 明日には円は1ドル100円前後だろう。
明日の円の値段は100円ぐらいだろう。

(4) 敬語がうまく話せなくてこまっていたが、今はやっと壁を乗り越えた。
前から敬語がうまく話せなくてこまっている。

(5) 薬を飲んだら、痛みがやわらいだ。
薬を飲んだら、あまり痛くなくなった。

IV. Choose the correct items to complete the following sentences.

(1) 年少人口の割合は（　）。
　　a. 減少している　　　　　c. 重くなっている
　　b. 下になっている

(2) 老年人口の割合は（　）。
　　a. 上になっている　　　　c. 上手になっている
　　b. 増えている

(3) そして生産年齢人口が少しずつ（　）ことがわかる。
　　a. 低くなっている　　　　c. 減っている
　　b. 下がっている

(4) このままでいけば、2025年には、（　）。
　　a. 生産年齢人口の割合が1950年の半分近くになるだろう
　　b. 老年人口の割合が1950年の半分近くになるだろう
　　c. 年少人口の割合が1950年の半分近くになるだろう

(5) その結果（　）ことが予想される。
　　a. 若い働き手は減っていく
　　b. ロボットが導入される
　　c. 進学競争がきびしくなる

Answers

  I. (1) c, j (2) b (3) a, g (4) d (5) h, e
 II. (1) b (2) b (3) b (4) a
III. (1) ○ (2) X (3) ○ (4) X (5) ○
 IV. (1) a (2) c (3) c (4) c (5) a

「情報化」の読み方

ソフト化やサービス化とならんで、日本経済の新しい潮流になってきたのが、情報化といわれる現象です。情報化とは、「技術革新の結果、各種の情報をより広汎に収集し、迅速、正確、かつ低コストで伝達することにより、これまでとらえ切れなかったいろいろな事柄を的確に把握できるようになっていること」(宮沢健一『業際化と情報化』有斐閣)です。

わたしたちのまわりには、情報があふれています。その情報は収集・加工・分析・評価され、経済活動に生かされるというプロセスを経て、あるものは使い捨てられ、あるものはデータベースとして蓄積されて、再利用されます。

大量の情報のなかから役に立つものを選び、経営資源として活用していくには、それを伝達して蓄積するシステムがいります。1985年の通信回線の自由化をきっかけに、日本では通信機器とコンピューターが結びつき、省力化や効率化の道具にすぎなかったコンピューターが、情報を活用する経営戦略の重要な手段になりました。

経営情報の活用網のひとつが、戦略的情報システム（SIS：Strategic Information System)です。この新手法を

情報化（じょうほうか）change to an
information (data-based) economy

ソフト化（か）change to a software
economy

サービス化（か）change to a service economy

ならんで along with → ～とならんで

潮流（ちょうりゅう）current; tide
of the times

といわれる (what) is called → ～と
いわれる

現象（げんしょう）phenomenon

技術（ぎじゅつ）technology

革新（かくしん）innovation

結果（けっか）result

各種の（かくしゅの）various

より more → より～

広汎に（こうはんに）widely

収集（しゅうしゅう）し／収集す
る to collect; gather

迅速（じんそく）quickly; rapidly

正確（せいかく）accurately

かつ moreover → かつ

伝達（でんたつ）する to commu-
nicate

とらえ切（き）れなかった／とら
え切れない to be unable to grasp
entirely → ～切れない

事柄（ことがら）matter(s); thing(s)

的確に（てきかくに）precisely

把握（はあく）できる to grasp

宮沢健一（みやざわけんいち）
economist and writer

業際化（ぎょうさいか）converg-
ing of industries

有斐閣（ゆうひかく）[publisher]

あふれて／あふれる to overflow

加工（かこう）され／加工する to
process

分析（ぶんせき）され／分析する
to analyze

評価（ひょうか）され／評価する
to evaluate

活動（かつどう）activity; action

生（い）かされる／生かす to make
the most of; make the best of

経（へ）て／経る to go (pass) through

使（つか）い捨（す）てられ／使い
捨てる to use and then throw away

蓄積（ちくせき）されて／蓄積す
る to store

再／さい re- [prefix]

利用（りよう）されます／利用す
る to make use of; utilize (Note:
再利用される = to be recycled.)

大量（たいりょう）a large quantity

役（やく）に立（た）つ to be useful

選（えら）び／選ぶ to choose; select

資源（しげん）resource

活用（かつよう）して／活用する
to put to good use

通信（つうしん）communication

回線（かいせん）circuit

自由化（じゆうか）liberalization

きっかけ making use of → ～をき
っかけに

機器（きき）apparatus

結（むす）びつき／結びつく to
link up; connect

省力化（しょうりょくか）change
to labor-saving systems

効率化（こうりつか）change to
more efficient systems

道具（どうぐ）tool

にすぎなかった was nothing more
than → ～にすぎない

戦略（せんりゃく）strategy

重要な（じゅうような）important

手段（しゅだん）means; way

活用網（かつようもう）network (for
putting something into practical use)

手法（しゅほう）technique

導入しているコンビニエンスストアをのぞいてみましょう。あなたがそこで飲み物や食品を買うと、その情報はお店の端末機から、ただちに本部のコンピューターに送られます。情報がたまると、この店ではAというジュースがよく売れる、あの店ではCという冷凍食品が品切れになっているといったように、各店の最新の様子がわかってきます。

その情報は仕入れ部にすぐに届けられ、配送部はトラック便の手配をします。数時間後には、ジュースがよく売れる店にはジュースが、冷凍食品が品切れになっていた店には冷凍食品が届けられます。こうした素早い対応で、品切れや売れ残りを防いで、経営の効率を高めるのです。

情報化社会の到来で、企業の経営手法や生産様式も変わってきました。個人の生活が豊かになり、価値観が多様化してくると、消費者は商品の安さだけでは満足せず、他の商品との違いを重視するようになります。それにこたえて日本の企業が少品種大量生産の「規模の経済」から、多品種少量生産の「範囲の経済」にうまく転換できたのも、情報という経営資源を巧みに組み込んだ新しい生産システムを作り出したからです。

人やおカネと違って、情報は複数の人や企業が同時に共有して、多重に活用できる経営資源です。その特性が異業種の産業を結びつけ、融業化を進めます。メーカー、運輸業者、流通業界、金融機関が同じ情報を同時に活用できれば、そこから業務を分担しあったり、新たなビジネスを始めたりするチャンスも生まれてきます。

導入（どうにゅう）して／導入する to introduce → 導入する

のぞいて／のぞく to take a look at; check out → のぞく

端末機（たんまつき）terminal

ただちに immediately → ただちに

本部（ほんぶ）the head office

冷凍食品（れいとうしょくひん）frozen food

品切れ（しなぎれ）out of stock

といったように such as → 〜といったように

様子（ようす）state of affairs

仕入れ部（しいれぶ）purchasing department

配送部（はいそうぶ）delivery department

手配（てはい）をします／手配をする to arrange for; prepare

素早い（すばやい）very rapid → 素早い

対応（たいおう）measures; response

売れ残り（うれのこり）unsold goods; dead stock

防（ふせ）いで／防ぐ to prevent; check

効率（こうりつ）efficiency

到来（とうらい）coming; arrival

企業（きぎょう）business enterprise

生産様式（せいさんようしき）production method(s)

個人（こじん）individual

豊かに（ゆたかに）affluent

価値観（かちかん）(one's) values

多様化（たようか）して／多様化する to diversify

消費者（しょうひしゃ）consumer

商品（しょうひん）product

満足（まんぞく）せず／満足する to be satisfied

重視（じゅうし）する to think of (regard) as important

それにこたえて in response to that → 〜にこたえる

少品種（しょうひんしゅ）small number of product types

規模（きぼ）scale (Note: 規模の経済 refers to an economy of scale; one in which there is mass production in limited variety.)

多品種（たひんしゅ）large number of product types

範囲（はんい）limits; a range (Note: 範囲の経済 refers to an economy of a limited production of a wide variety of products.)

転換（てんかん）できた／転換できる to be able to change (switch)

巧みに（たくみに）adroitly

組（く）み込（こ）んだ／組み込む to build in, incorporate

違って（ちがって）unlike

複数（ふくすう）plural (in number)

共有（きょうゆう）して／共有する to possess (or use) jointly

多重（たじゅう）multiple; overlapping

特性（とくせい）special quality

異業種（いぎょうしゅ）different type(s) of industry

産業（さんぎょう）industry

融業化（ゆうぎょうか）industrial cross-fertilization

進（すす）めます／進める to encourage; promote

運輸業者（うんゆぎょうしゃ）those engaged in the business of transport and transportation

流通（りゅうつう）distribution

業界（ぎょうかい）the industry; the trade

金融機関（きんゆうきかん）financial institution

業務（ぎょうむ）business operations; work

分担（ぶんたん）し／分担する to share, divide up (work etc.)

生（う）まれて／生まれる to come into existence

Important Expressions

～とならんで [together with; along with]

  ✎ 香港は東京とならんで物価が高い都市だ。
- 香港 (ほんこん) Hong Kong
- 物価 (ぶっか) prices
- 都市 (とし) city

～といわれる [generally called]

  ✎ マルチメディアといわれるシステムは今後ますます進歩するだろう。
- マルチメディア multimedia
- 今後 (こんご) from now on; henceforth
- ますます more and more
- 進歩 (しんぽ) する to progress; improve

より～ [more; to a greater extent; より precedes adjectives and adverbs]

  ✎ コンピューターの開発には、より高度な技術が求められる。
- 開発 (かいはつ) development
- 高度 (こうど) high; advanced
- 技術 (ぎじゅつ) technology
- 求 (もと) める to request; demand

かつ [moreover; furthermore; besides]

  ✎ 彼の文章は単純かつ明解でわかりやすい。
- 文章 (ぶんしょう) (style of) writing; prose
- 単純 (たんじゅん) simple
- 明解 (めいかい) clear

～切れない [unable completely to …; unable to do something in the fullest sense of the word]

  ✎ 彼が何度も「お金を貸してほしい」と頼むので、ことわり切れなかった。
- 何度も (なんども) many times
- ことわり／ことわる to refuse; turn down

～をきっかけに [an opportunity that proves to be, or is made use of as, a steppingstone or springboard to something else]

  ✎ 手術で入院したのをきっかけに、やっとたばこをやめることができた。
- 手術 (しゅじゅつ) surgical operation

- 入院（にゅういん）した／入院する to be hospitalized
- やっと at last; finally
- たばこをやめる to quit smoking

～にすぎない　[is nothing more than; to have (or be) only …; emphasizing the triviality of what is being referred to]

✎ 日本ではマンションとよばれている家でも、60平方メートルぐらいのスペースがあるにすぎない。
- マンション condominium

導入する　[to begin using a new system or machine]

✎ コンピューターが導入されて、仕事のやり方が大きく変わった。

のぞく　[to take a look (peek) at (with evident interest)]

✎ ショールームに新型のビデオが入ったそうだから、のぞいてみよう。
- 新型（しんがた）new model

ただちに　[immediately; first thing of all]

✎ 地震がおきたら、ただちに使っている火を全部消すこと。
- 地震（じしん）earthquake
- 火（ひ）を消（け）す to extinguish a fire (a stove, oven, gas burner, etc.)

～といったように　[such as; as in the cases of; used when giving numerous examples]

✎ 結婚しても仕事を続ける、子供も生まないといったように、最近、日本の女性の生き方は大きく変わってきた。
- 生き方（いきかた）way of life; life-style

素早い　[very rapid; prompt; immediate]

✎ 大地震が起きたときは火災を防いだり、食料を確保したり素早い対応が必要だ。
- 大地震（だいじしん）disastrous earthquake
- 火災（かさい）(disastrous) fire
- 防（ふせ）いだり／防ぐ to prevent
- 確保（かくほ）したり／確保する to make sure of; acquire
- 対応（たいおう）response; measures

～にこたえる　[to respond to requests, situations, etc.]

✎ 老人向けの施設がもっと必要だという声に政府はなかなかこたえられない。
- 老人向けの施設（ろうじんむけのしせつ）home for the aged
- 政府（せいふ）the government

I. Choose items from the list below so that the sentences match the Nikkei essay.

(1) ソフト化やサービス化とならんで（　）が日本経済の新しい潮流になってきた。情報を蓄積し、活用するための重要手段となったのが（　）である。

(2) 例えば（　）では経済効率を高めるために（　）を本部のコンピューターで（　）、こうすれば、素早い対応で品切れや（　）が防げる。

(3) 情報化社会の到来で生産様式や（　）が変わってきた。一方、消費者側にも（　）ことにより（　）などの変化がみられる。その結果、日本経済は範囲の経済に転換することになった。

(4) 情報は（　）である。それを多重に活用することにより融業化が進むといえる。

a. 売れ残り　b. コンピューター　c. 個人の生活が豊かになった　d. 価値観の多様化　e. 企業の経営手法　f. コンビニエンスストア　g. 管理する　h. 情報化　i. 経営資源　j. 店の商品の売れ方

II. Based on the Nikkei article, choose the item that has the same meaning as the underlined words.

(1) 大量の情報のなかから役に立つものを選び、経営資源として活用していくには、<u>それ</u>を伝達して蓄積するシステムがいります。
   a. 情報
   b. 資源
   c. 人

(2) 客がコンビニエンスストアで飲み物や食品を買うと、<u>その情報</u>はお店の端末器から、ただちに本部のコンピューターに送られます。
   a. 通信回線の
   b. 客が買った品物の
   c. 生産様式の

(3) <u>その情報</u>は仕入れ部にすぐに届けられ、配達部はトラック便の手配をします。

a. 各店 の最新の
b. 経済活動の
c. 経営効率の

(4) それにこたえて日本の企業が少品種大量生産の「規模の経済」から、多品種少量生産の「範囲の経済」にうまく転換できたのも……
a. 情報化
b. 省力化
c. 価値観の多様化

(5) その特性が異業種の産業を結びつけ、融業化を進めます。
a. コンピューター
b. 情報
c. 経営

III. Choose the appropriate item to complete each sentence.

(1) X社は優れた技術があり、（　　）優秀な人材がそろっているので発展すると思われる。
a. ならんで
b. かって
c. かつ

(2) 私は歴史の勉強はきらいだったが、高校のとき、いい先生に習ったのを（　　）歴史がすきになった。
a. ついでに
b. そろって
c. きっかけに

(3) パーティーで、あまりにたくさんの料理が出たので、全部（　　）。
a. 食べてしまった
b. 食べそうだった
c. 食べ切れなかった

(4) わたしたちは（　　）おもしろい映画をつくるためにがんばっているのだ。
a. より
b. わずか
c. ほんの

(5) 日本料理の中では、すしと（　　）てんぷらが外国人に人気がある。
a. ついて
b. ならんで
c. ともなって

IV. For each sentence below, choose the item that most closely matches the Nikkei essay.

(1) 新しい現象とは（　）ことだ。
   a. 情報を広く集め伝えて、的確にいろいろなことが把握できる
     ようになった
   b. 情報があふれ、捨てられるようになった
   c. 情報の自由化が行われるようになった

(2) この情報化により、（　）変わってきた。
   a. 経営情報が
   b. 企業の経営のしかたが
   c. 個人の価値観が

  つまり、今までは（　）だったが、
   d. 情報の経済
   e. 範囲の経済
   f. 規模の経済

  （　）転換したということだ。
   g. 情報の経済に
   h. 範囲の経済に
   i. 規模の経済に

(3) またこのほかに情報によって（　）生まれる。
   a. 経営資源が
   b. 新しい生産システムが
   c. 新たなビジネスが

Answers

I. (1) h, b (2) f, j, g, a (3) e, c, d (4) i
II. (1) a (2) b (3) a (4) c (5) b
III. (1) c (2) c (3) c (4) a (5) b
IV. (1) a (2) b, f, h, (3) c

「日本的経営」とは

日本には187万の会社があります。そこで働くサラリーマンは3,600万人、全就業者の6割を超えています。会社といっても、マンモス企業の日本電信電話（NTT）から法人組織の町の八百屋さんまで、規模はまちまちですが、ここでは多くの企業に共通している経営手法をみてみましょう。

俗に言う「日本的経営」は、終身雇用、年功序列、企業内労働組合を柱にしています。多くのサラリーマンはいちど会社に入ったら定年までそこにずっと勤めます。給料は入社年次に応じて決まり、昇進も同期生とほぼ横並びです。企業内労働組合なので、大半の組合役員は社員による持ち回りというのが、日本的システムの特徴です。

これとよく比較されるのが、アメリカの企業システムです。こちらでは採用も随時、不況期にはレイオフ（一時解雇）もひんぱんに行われます。給与は能力に比例し、ビジネス・スクール出身の若者がいきなり重役として迎えられるケースも珍しくありません。産業別組合なので、労使交渉に臨む組合幹部も、その企業の社員とは限りません。

日本とアメリカでは、経営のやり方もずいぶん違い

W o r d   L i s t

経営 (けいえい) management

とは [sets off the object of a definition]

全就業者 (ぜんしゅうぎょうしゃ) all employed people

超 (こ) えて／超える to be over

いっても even though they may be described as ➙ ～といっても

企業 (きぎょう) business enterprise

日本電信電話 (にっぽんでんしんでんわ) Nippon Telegraph and Telephone Corporation

法人 (ほうじん) corporate body

八百屋 (やおや) vegetable store

規模 (きぼ) scale

まちまち various ➙ まちまち

共通 (きょうつう) して／共通する to hold in common

手法 (しゅほう) style; method

俗に (ぞくに) commonly ➙ 俗に言う

終身雇用 (しゅうしんこよう) lifetime employment

年功序列 (ねんこうじょれつ) seniority system

内 (ない) inside; within [suffix]

労働組合 (ろうどうくみあい) labor union

柱 (はしら) pillar; support ➙ ～を柱にする

定年 (ていねん) (mandatory) retirement age; retirement

給料 (きゅうりょう) pay; salary

入社年次 (にゅうしゃねんじ) the order of employment; seniority

応じて (おうじて) depending on ➙ ～に応じて

昇進 (しょうしん) promotion

同期生 (どうきせい) people who graduate from school or enter a company in the same year

ほぼ almost; nearly

横並び (よこならび) side by side; on a par with ➙ 横並び

役員 (やくいん) officer; official

持ち回り (もちまわり) taking turns (Note: 社員による持ち回り means that employees take turns at certain duties.)

比較 (ひかく) される／比較する to compare

採用 (さいよう) hiring

随時 (ずいじ) at any time; as required ➙ 随時

不況 (ふきょう) recession

期 (き) period [suffix]

一時 (いちじ) temporary

解雇 (かいこ) dismissal; firing

ひんぱん very often; frequently

行 (おこな) われます／行う to be done; to carry out

給与 (きゅうよ) pay; salary; wages

比例 (ひれい) し／比例する to be proportional to; in accordance with

出身 (しゅっしん) be a graduate of; be from

いきなり all of a sudden; out of the blue ➙ いきなり

重役 (じゅうやく) (company) director

迎 (むか) えられる／迎える to welcome (as) ➙ ～として迎えられる

珍 (めずら) しく／珍しい rare

産業 (さんぎょう) industry

別 (べつ) classified by [suffix]

労使 (ろうし) labor and management

交渉 (こうしょう) negotiation(s)

臨 (のぞ) む to meet; face

幹部 (かんぶ) leader; leading member; (managing) staff

とは限 (かぎ) りません／とは限らない is not necessarily so ➙ ～とは限らない

ます。日本は売上高・シェア（市場占有率）重視型、アメリカは収益重視型です。アメリカの経営者は、会社の業績がよくなれば巨額の報酬を受け取り、赤字を出せば更迭されます。

　日本の経営者の報酬は、業績よりも慣例や世間相場で決まる度合いが強く、一般社員との差もアメリカほど大きくはありません。まずシェアを拡大し、市場をおさえてからじっくり稼いでいく、というのが日本企業のやり方です。

　株式会社制度の起源は、1603年に設立されたオランダ東インド会社です。日本でも、明治6 (1873)年に株式会社第1号の第一国立銀行（後の第一銀行）が設立されてから、すでに1世紀余りの歴史があります。しかし、アメリカと比べただけでも、組織や運営方法には相当の違いがあります。株式会社先発国のヨーロッパからみれば、日本型株式会社が異質なものと映るのはやむを得ないでしょう。

売上高（うりあげだか）(amount of) sales; proceeds

市場（しじょう）market

占有（せんゆう）occupation; possession

率（りつ）a rate [suffix] (Note: 市場占有率 = market share.)

重視（じゅうし）emphasis

型（がた）(a) style; (a) type [suffix]

収益（しゅうえき）proceeds; profits

業績（ぎょうせき）(sales) results

巨額（きょがく）large sum of money

報酬（ほうしゅう）reward; payment

受（う）け取（と）り／受け取る to receive

赤字（あかじ）deficit; loss

更迭（こうてつ）されます／更迭する to change ; to switch

慣例（かんれい）custom; usual practice

世間（せけん）the world; the public

相場（そうば）market price (value); appropriate price (Note: 世間相場 = "the going rate in society at large.")

度合い（どあい）degree; extent

一般（いっぱん）ordinary

差（さ）gap

まず first (of all)

拡大（かくだい）し／拡大する to expand; enlarge

おさえて／おさえる to hold down, control → 市場をおさえる

じっくり slowly but surely

稼（かせ）いで／稼ぐ to earn (money)

株式会社（かぶしきがいしゃ）joint-stock corporation

制度（せいど）system

起源（きげん）origin; beginning

設立（せつりつ）された／設立する to establish

明治（めいじ）Meiji Period (1868–1912)

第1号（だいいちごう）the first (one)

国立（こくりつ）national; state; governmental

銀行（ぎんこう）bank

1世紀（いっせいき）one century

余り（あまり）over; more than [suffix]

歴史（れきし）history

比（くら）べた／比べる to compare

運営（うんえい）management; operation; administration

相当（そうとう）considerable; substantial

先発国（せんぱつこく）forerunning countries; forerunners

異質な（いしつな）different in kind; foreign; alien

映（うつ）る to appear → ～と映る

やむを得（え）ない to be unavoidable → やむを得ない

Important Expressions

～といっても　[(what has just been said is true; that's true) but
...; used to introduce a qualification]

A　「新車を買ったんですって。すごいですね！」

B　「新車といっても小型車だから、安いんですよ。」
- 新車（しんしゃ）new car
- 小型車（こがたしゃ）small car

まちまち　[varied, different, of all sorts]

✎ 休日にはスポーツをする人もいるし、家で本を読む人もいるし、
　すごし方はまちまちだ。
- すごし方（かた）way of spending one's time

俗に言う　[what is commonly called (referred to as)]

✎ 彼は毎日おそくまで残業し、休みなく働き続けていた。そのた
　め体を悪くして突然死んでしまった。俗に言う「過労死」だ。
- 残業（ざんぎょう）し／残業する to do overtime
- 体（からだ）を悪（わる）くし／体を悪くする to ruin one's health;
　run oneself down
- 過労死（かろうし）to die of overwork

～を柱にする　[to make something a pillar or mainstay]

✎ 昔の日本の家庭は父親を柱にしていたが、最近は違ってきている。
- 違（ちが）って／違う to be different

～に応じて　[depending on; in proportion to]

✎ パーティーの料理は予算に応じて選ぶことができる。
- 予算（よさん）budget

横並び　[to be equal in status, level, or value]

✎ 日本では銀行の利子はほとんど横並びだ。
- 利子（りし）interest

随時　[whenever necessary or considered appropriate]

✎ あの会社では社員は随時、夏期休暇をとることができる。
- 夏期休暇（かききゅうか）summer vacation

いきなり　[without prior notification or indication]

✎ 友達が電話もしないで、いきなり訪ねてきたのでびっくりした。
- 訪（たず）ねて／訪ねる to visit, to call on

〜として迎えられる　[to be received, taken in, or appointed from the outside to assume a certain position, rank, or status]

✎ あの有名オリンピック選手はスポーツシューズメーカーの副社長として迎えられることになった。
- 選手（せんしゅ）athlete
- 副社長（ふくしゃちょう）vice-president

〜とは限らない　[is not always (not necessarily) true]

✎ 金持ちがみんな幸福だとは限らない。
- 幸福（こうふく）happy

市場をおさえる　[to control the market]

✎ 日本のビール市場はK社が60％以上のシェアを持ち、市場をおさえている。

〜と映る　[give the superficial appearance of; to look as if]

✎ 日本は外国には金持ちな国と映るようだが、実際はそうではない。
- 金持ち（かねもち）rich
- 実際は（じっさいは）the reality

やむを得ない　[something can't be helped; is unavoidable]

✎ こんなに景気が悪いのだから、会社がリストラを行うのはやむを得ない。
- 景気（けいき）business (economic) conditions
- リストラ restructuring
- 行（おこな）う to carry out

● ●

Q | u | i | z | z | e | s

I. Select the appropriate entries from the list to match the selection of prose.

a. 報酬　b. シェア　c. 産業別組合　d. 年功序列　e. 昇進　f. 入社年次
g. 能力　h. 随時　i. 更迭　j. 売上高・シェア重視　k. 社員　l. 収益重視
m. 世間相場　n. 終身雇用　o. 企業内労働組合　p. レイオフ　q. 定年

　「日本的経営」というのは（1）、（2）、（3）、を柱にしている。多くのサラリーマンはいちど会社に入ったら（4）までずっ

と勤める。給料は（５）に応じて決まり（６）も同期生とほぼ同じだ。日本の労働組合は企業内労働組合なので、ほとんどの組合役員は（７）である。

一方、アメリカの企業システムでは採用は（８）行われ、不況時には（９）も珍しくない。給与は（１０）に比例し、ビジネス・スクールを出たばかりの若者がいきなり重役になることもある。労働組合は（１１）なので、組合幹部もその企業の社員とは限らない。

日本とアメリカでは、経営のやり方もずいぶん違う。日本は（１２）型。つまり、まず（１３）を拡大し、市場をおさえてじっくり稼いでいくわけだ。これに対し、アメリカは（１４）型といえる。アメリカの経営者は、会社の業績がよくなれば巨額の（１５）を受け取り、赤字を出せば（１６）される。

日本の経営者の報酬は、業績よりも（１７）で決まる傾向が強く、一般社員との差もアメリカほど大きくない。このように株式会社といっても日本とアメリカでは組織や運営方法に相当の違いがある。

II. Fill in the blanks from the list below. Use each item only once.

a. じっくり　b. まちまち　c. 大半　d. 随時　e. 持ち回り　f. いきなり
g. ひんぱんに　h. 横並び

(1) アメリカでは不況期にはレイオフも（　）行われる。

(2) 今年度のデパートの売上はほとんど差がなく（　）だ。

(3) 日本では二十代の若者が（　）重役になるというケースはないといってもいい。

(4) あの会社では採用は不定期で（　）行われるそうだ。

(5) 日本では終身雇用が一般的なので、いちど会社に入ったら（　）の社員は定年までその会社に勤める。

III. Choose the expression with the closest meaning to the underlined words.

(1) <u>俗に言う</u>「日本的経営」は……
　　a. 昔の人が言っていた
　　b. 一般的に言われている
　　c. 流行語の

(2) まずシェアを拡大し市場をおさえてから<u>じっくり稼いでいく</u>……

        a. 時間をかけて
        b. がんばって
        c. たくさん

(3) 会社といっても規模は<u>まちまち</u>です。
        a. まったく違う
        b. それぞれ違う
        c. 違わない

(4) アメリカでは労使交渉に臨むのはその企業の<u>社員とは限りません</u>。
        a. 企業の社員でなければならない
        b. 企業の社員だけと決められている
        c. 企業の社員以外の場合もある

(5) 欧米からみれば日本型株式会社が異質なものと映るのは<u>やむを得ない</u>でしょう。
        a. 異質なものと映ってもしかたがない
        b. 異質なものと映るのはこまる
        c. 異質なものと映りにくい

IV. Select the correct items to complete the sentences.

(1) 採用の面で比べると、日本では（　）、
        a. 随時行われ不況期にはレイオフもあるが
        b. 定期的に行われるが
        c. 持ち回りで行われるが

    アメリカでは（　）。
        d. 随時行われ不況期にはレイオフもある
        e. 定期的に行われる
        f. 持ち回りで行われる

(2) 給与に関しては、日本では（　）、
        a. 入社年次に応じて決まるのに対し
        b. 能力に比例するのに対し
        c. シェアによって決まるのに対し

    アメリカでは（　）。
        d. 入社年次に応じて決まる
        e. 能力に比例する
        f. シェアによって決まる

(3) 労働組合は日本では（　）。
        a. 個人労働者ユニオンである
        b. 企業内労働組合である
        c. 産業別組合である

一方アメリカでは（　）。
　　d. 個人労働者ユニオンである
　　e. 企業内労働組合である
　　f. 産業別組合である

(4) 経営のやり方についても日本は（　）、
　　a. 報酬重視型であるのに対し
　　b. 売上高・シェア重視型であるのに対し
　　c. 収益重視型であるのに対し

　アメリカは（　）。
　　d. 報酬重視型である
　　e. 売上高・シェア重視型である
　　f. 収益重視型である

(5) したがって、経営者の報酬もアメリカでは（　）。
　　a. 収益によって異なる
　　b. シェアによって異なる
　　c. 業績より慣例や世間相場できまることが多い

　一方日本では（　）。
　　d. 収益によって異なる
　　e. シェアによって異なる
　　f. 業績より慣例や世間相場できまることが多い

日本の流通機構

流通機構とは、生産された商品が消費者へ届くまでの経路と仕組みのことです。日本ではこの部門で約1,000万人、全就業者の2割近い人々が働いています。

商店の数は減り続けていますが、卸売業はまだ40万店、小売業は160万店もあります。小売業の多くは零細で、全体の約4割は飲食料品店です。欧米では一度にたくさんの食料を買ってきて冷蔵庫で保管するのが普通ですが、日本では新鮮な魚や野菜を毎日少しずつ買う家庭が多く、流通機構もそうした消費行動に適した形になったのです。

欧米諸国と異なるもうひとつの特徴は、卸売部門が一次問屋、二次問屋というように多段階に分かれており、流通の経路が複雑なことです。また、大手メーカーの商品はその系列の問屋にしか流れず、ブランド商品は特定の代理店が半ば独占的に輸入・販売するといった系列取引も目立ちます。

零細な小売業と、多段階の卸売業とで成り立つ流通機構のもとでは、どうしても効率は悪く、商品の値段は高くなりがちです。メーカーによる建値制と、リベート制を巧みに組み合わせた系列取引が根を張りすぎ

Word List

流通 (りゅうつう) distribution

機構 (きこう) mechanism; system; structure

とは [sets off the object of a definition]

商品 (しょうひん) merchandise

消費者 (しょうひしゃ) consumer

経路 (けいろ) route; path

仕組み (しくみ) set-up; structure

部門 (ぶもん) branch (of industry); field; area

全就業者 (ぜんしゅうぎょうしゃ) all employees; all workers

2割 (にわり) 20%

近い (ちかい) near; close to [suffix] → ～近い

商店 (しょうてん) store

卸売業 (おろしうりぎょう) wholesale business

小売業 (こうりぎょう) retail trade

零細で (れいさいで) small; petty

飲食料品店 (いんしょくりょうひんてん) grocery stores

冷蔵庫 (れいぞうこ) refrigerator

保管 (ほかん) する to keep

新鮮な (しんせんな) fresh; new

野菜 (やさい) vegetables

家庭 (かてい) family

適 (てき) した／適する to suit; be suitable for; agree with

諸国 (しょこく) countries [plural]

異 (こと) なる to differ from; be different from

一次問屋 (いちじどんや) first wholesale storehouse. (Note: The word 問屋, standing alone, is pronounced とんや.)

多 (た) multiple [prefix]

段階 (だんかい) stage; step

分 (わ) かれて／分かれる to be divided (Note: 分かれており is the polite equivalent of 分かれていて.)

大手 (おおて) major companies (firms); large enterprises

メーカー maker; manufacturer

系列 (けいれつ) affiliated companies

流 (なが) れず (＝流れないで)／流れる to be distributed (to flow)

ブランド商品 (しょうひん) name-brand goods

特定 (とくてい) specific; specified; particular

代理店 (だいりてん) agency

半ば (なかば) in large part; for the most part → 半ば

独占的に (どくせんてきに) monopolistically

輸入 (ゆにゅう) import

販売 (はんばい) する to sell; deal in

取引 (とりひき) transaction; dealings (Note: 系列取引 = dealings between affiliated companies.)

目 (め) 立 (だ) ちます／目立つ to catch one's eye → 目立つ

成 (な) り立 (た) つ to come into being; exist

もとで under → ～のもとでは

効率 (こうりつ) efficiency

値段 (ねだん) price

なりがち apt to become (do) → ～がちだ

建値性 (たてねせい) pricing procedure in which manufacturers announce retail prices to wholesalers on the basis of cost-plus pricing

巧みに (たくみに) skillfully

組 (く) み合 (あ) わせた／組み合わせる to combine

根 (ね) を張 (は) りすぎる／根を張る to spread out and take root → ～が根を張る

ると、別の業者はその商品を扱えず、公正な競争は封じらます。アメリカが日本型系列取引を貿易障壁だと非難しているのも、いまのような流通機構では、輸入商品が入り込めないとみているからです。

　最近は、系列取引を打ち破る大規模な安売り店（ディスカウンター）が増え、輸入総代理店に対抗して並行輸入に乗り出す動きも出てきました。しかし、日本では独占禁止法の運用がアメリカほど厳しくないせいか、競争を制限する商慣行や系列取引が横行しやすくなっています。効率の悪い流通機構は商品の価格を押し上げ、人々の生活コストを高めます。

別の（べつの）other

業者（ぎょうしゃ）business people; people in the business

扱（あつか）えず（＝扱えないで）／扱う to deal in; handle

公正な（こうせいな）fair

競争（きょうそう）competition

封（ふう）じられます／封じる to block → 〜が封じられる

型／がた style; type [suffix]

貿易障壁（ぼうえきしょうへき）trade barrier

非難（ひなん）して／非難する to criticize

入（はい）り込（こ）めない／入り込む to get in; obtain entry

とみている regard as → 〜とみている

最近（さいきん）recently; lately

打（う）ち破（やぶ）る to do away with → 打ち破る

大規模な（だいきぼな）large-scale

安売り店（やすうりてん）discount store

増（ふ）え／増える to increase

総（そう）whole; general; entire [prefix]（Note: 輸入総代理店 is a distributor with a monopoly on the import of a certain product.）

に対抗（たいこう）して in rivalry with; in opposition to

並行（へいこう）parallel（Note: 並行輸入 refers to a import route developed outside of (or "parallel to") that employed by the sole import distributor.）

乗（の）り出（だ）す to set about (doing something new) → 〜に乗り出す

独占禁止法（どくせんきんしほう）Antimonopoly (Antitrust) Act

運用（うんよう）utilization; application

厳（きび）しくない／厳しい strict

せい because of → せい → せいか

制限（せいげん）する to restrict; limit

商慣行（しょうかんこう）long-standing business (commercial) practices

横行（おうこう）し／横行する to go unchecked; run rampant → 横行する

価格（かかく）price

押（お）し上（あ）げ／押し上げる to push (force) up

Important Expressions

～近い [less than a certain figure but close to it]

✎ 不況で2,000社近い会社が倒産した。
- 不況 (ふきょう) recession
- 倒産 (とうさん) した／倒産する to go bankrupt

半ば [to a considerable extent or amount; originally meant "half"]

✎ お金がないので新車を買うのは半ばあきらめている。
- 新車 (しんしゃ) new car
- あきらめて／あきらめる to give up

目立つ [to stand out; be conspicuous]

✎ 円高のために工場の海外移転が目立つ。
- 円高 (えんだか) strong yen
- ために because of
- 海外移転 (かいがいいてん) relocation overseas; shifting (production facilities etc.) to overseas sites

～のもとでは [while under the (powerful) influence of]

✎ ワンマン社長のもとでは、社員が自由に自分の意見を言うことはむずかしい。
- ワンマン社長 (しゃちょう) autocratic president
- 意見 (いけん) opinion

～がちだ [apt to do, tend to do; with the action in question frequently having negative connotations]

✎ 彼女は体が弱いので仕事を休みがちだ。

～が根を張る [for an idea, custom, etc. to spread and take root]

✎ 日本の社会では、学歴主義が根を張っている。
- 学歴 (がくれき) academic credentials
- ～主義 (しゅぎ) an 'ism'

～が封じられる [to block or prevent free action, as with constraint by regulations etc.]

✎ 保護貿易の傾向が強いと自由貿易は封じられる。
- 保護貿易 (ほごぼうえき) protective trade
- 傾向 (けいこう) tendency

〜とみている [to judge, consider, or see something in a certain way]

✍ 私は次期社長をA氏だとみている。
- 次期社長（じきしゃちょう）next president

打ち破る [to break with long-standing customs or traditions]

✍ 女性は管理職にはむかないなどという考えは打ち破らなければならない。
- 管理職（かんりしょく）administrative position
- むかない／むく to be suitable for

〜に乗り出す [to begin a large or difficult undertaking]

✍ アメリカでは銃による犯罪が非常に多いため、政府は銃規制に乗り出した。
- 銃（じゅう）gun; firearms
- 犯罪（はんざい）crime
- 政府（せいふ）government
- 規制（きせい）control

せい [due to; because of; usually with unfavorable consequences]

✍ 工場が海外に移転したせいで、仕事を失った人が少なくない。
- 海外（かいがい）overseas
- 移転（いてん）した／移転する to move
- 失（うしな）った／失う to lose

せいか [perhaps due to; maybe because of]

✍ きのう重い荷物を運んだせいか、きょうは体がいたい。
- 荷物（にもつ）baggage; luggage; boxes or other objects for transport
- 体（からだ）the body

横行する [the uncontrolled predominance of an undesirable activity]

✍ バブル時代には金権政治が横行した。
- バブル時代（じだい）bubble period
- 金権政治（きんけんせいじ）plutocracy

I. Based on the essay, select the items that correctly complete each sentence.

(1) 生産された商品が届くまでの経路、届くまでの仕組みのことを（　）という。
　　a. 系列
　　b. 問屋
　　c. 流通機構

(2) 欧米諸国とちがって、日本の流通機構がもうひとつ特徴的なのは（　）が多段階に別れていて、
　　a. 卸売部門
　　b. 小売業
　　c. 安売り店
　　（　）が複雑なことだ。
　　d. 大手メーカー
　　e. 独占禁止法
　　f. 流通経路

(3) （　）というのは大手メーカーの商品がその系列の問屋にしか流れず、
　　a. 貿易障壁
　　b. 系列取引
　　c. 卸売業
　　ブランド商品を（　）が独占的に輸入・販売するようなシステムのことである。
　　d. 特定の代理店
　　e. 欧米諸国
　　f. 零細な小売業

(4) 日本の流通機構は複雑で、効率が悪く商品の値段も高くなってしまう。このような日本型系列取引のために自由競争ができず、アメリカはこれを（　）と言って非難している。
　　a. 商慣行
　　b. 独占禁止法
　　c. 貿易障壁

(5) 最近は系列取引に対抗して大規模な（　）が増え、並行輸入を始めるところも出てきた。
　　a. 安売り店

b. 輸入総代理店

c. 小売業

アメリカに比べて日本では（　）が厳しくないので系列取引が
行われやすく、人々の生活コストが高くなってしまうのだ。

d. 貿易障壁

e. 独占禁止法

f. 並行輸入

II. Fill in the blanks for each statement with the appropriate selection from the list below.

a. 打ち破って　b. 根を張らない　c. 乗り出した　d. 分かれている
e. 押し上げる　f. 封じられる　g. 横行している　h. 非難される

(1) この空港では最近スリが（　）から気をつけたほうがいい。

(2) 伝統を（　）新しい芸術をつくりだすのは簡単ではない。

(3) 日本型経営は海外ではなかなか（　）。

(4) このままでは美しい自然がなくなってしまうと、政府もやっと
環境保護運動に（　）。

(5) 効率の悪い流通機構が商品の価格を（　）のだ。

III. Choose the word or phrase with the closest meaning to the underlined items below.

(1) ブランド商品は特定の代理店が半ば独占的に輸入・販売して
いる。

a. だいたい

b. 全部

c. すこし

(2) 複雑な流通機構のもとでは、商品の値段は高くなりがちだ。

a. 高くならない

b. 高くなるそうだ

c. 高くなる傾向がある

(3) 日本では系列取引が根を張っている。

a. 弱い

b. 力をもっている

c. めずらしい

(4) 公正な取引が封じられる。

a. できない

b. 行われる
c. きらわれる

(5) 効率の悪い流通機構は商品の価格を<u>押し上げる</u>。
a. こわす
b. なくす
c. 高くする

IV. Answer the following questions.

1. 日本では特に飲食料品店に零細な小売業がおおいのはなぜで すか。欧米と比較して消費行動の面から説明しなさい。

   欧米では（　）のが普通であるのに対し
   a. 輸入商品が入り込めない
   b. 新鮮な魚や野菜を毎日少しずつ買う
   c. 一度にたくさんの食料を買って保管する

   日本では（　）からである。
   d. 輸入商品が入り込めない
   e. 新鮮な魚や野菜を毎日少しずつ買う
   f. 一度にたくさんの食料を買って保管する

2. 欧米諸国と異なるもうひとつの特徴について述べなさい。

   欧米諸国と異なるもうひとつの特徴は（　）が多段階に分かれ ていることである。
   a. 卸売部門
   b. 安売り店
   c. 輸入代理店

3. アメリカが日本型系列取引を貿易障壁だと非難しているのは なぜですか。

   日本型系列取引が行われると（　）からだ。
   a. 商慣行がちがう
   b. 公正な取引ができる
   c. 輸入商品が入り込めない

Answers

> **I.** 1 (c)　2 (a, f)　3 (b, d)　4 (c)　5 (a, e)
> **II.** 1 (g)　2 (a)　3 (b)　4 (c)　5 (e)
> **III.** 1 (a)　2 (c)　3 (b)　4 (a)　5 (c)
> **IV.** 1 (c, e)　2 (a)　3 (c)

「生活大国」をめざして

国民所得は世界のトップレベルなのに、日本人の多くが豊かさを実感できないでいるのは、なぜでしょうか。衣や食に比べて住環境が劣悪なことや、労働時間が長すぎることが、どうもその遠因になっているようです。

このため、政府は92年6月に決めた「生活大国5か年計画」で、今後5年の実質経済成長率を平均3.5％とし、96年度までに年間総労働時間(91年度実績＝2,006時間)を1,800時間に短縮するという目標を掲げました。さらに、東京、関西、名古屋など大都市圏のサラリーマンも年収の5倍程度の価格でマイホームを持てるようにする、とうたっています。

ところが、企業の経営者のなかには「日本人のとりえは勤勉だ。働かなくなっら経済はダメになる」、「3.5％成長と1,800時間労働は両立しない。二兎を追えば、労働力が不足する」と異論を唱えている人がいます。

たしかに、労働時間を減らしながら高めの成長を達成し、マイホームの夢もかなうというのは、うますぎる話かもしれません。しかし、ひとつひとつを取り出してみると、もっともな目標です。高齢化社会への

生活大国（せいかつたいこく）leading country in terms of quality of life

めざして／めざす to aim to be

国民所得（こくみんしょとく）national income

豊かさ（ゆたかさ）affluence

実感（じっかん）できない／実感できる to feel the reality of

衣（い）clothing

食（しょく）food (Note: The readings of the above are derived from the compound 衣食住（いしょくじゅう）, i.e., food, clothing, and shelter.)

住環境（じゅうかんきょう）living environment

劣悪な（れつあくな）poor; inferior

労働（ろうどう）work; labor

どうも apparently → どうも

遠因（えんいん）remote cause

政府（せいふ）the government

計画（けいかく）plan; project

今後（こんご）after this; in the future

実質経済成長率（じっしつけいざいせいちょうりつ）real economic growth rate

平均（へいきん）average

総（そう）total [prefix]

実績（じっせき）(actual) results

短縮（たんしゅく）する to shorten; cut (down); reduce

目標（もくひょう）goal; aim

掲（かか）げました／掲げる to hold up; proclaim → 目標を掲げる

さらに moreover → さらに

関西（かんさい）Kansai region

名古屋（なごや）Nagoya City

大都市（だいとし）metropolis

圏（けん）sphere; area [suffix]

年収（ねんしゅう）annual income

程度（ていど）about; almost (Note: 5 倍程度 = about five times.)

価格（かかく）price; value

マイホーム a home of one's own

うたって／うたう to state; express → 〜とうたう

ところが and yet → ところが

企業（きぎょう）business enterprise

経営者（けいえいしゃ）manager; management

とりえ strong point → とりえ

勤勉（きんべん）diligent

成長（せいちょう）growth

両立（りょうりつ）しない／両立する to be compatible

二兎（にと）two hares

追（お）えば／追う to run after; chase (Note: 二兎を追えば refers to a proverb which says that he who runs after two hares will catch neither.)

労働力（ろうどうりょく）labor; the work force (of a country)

不足（ふそく）する to be insufficient; be in short supply

異論（いろん）objection; protest

唱（とな）えて／唱える to advance; urge → 異論を唱える

高（たか）め be on the high side → 高め

達成（たっせい）し／達成する to achieve; attain

夢（ゆめ）a dream

かなう to be fulfilled; be realized → 夢がかなう

うますぎる too good → うまい話

取（と）り出（だ）して／取り出す to take up; select

もっともな reasonable; understandable; natural

高齢化（こうれいか）aging

備えや途上国からの援助要請を考えれば、3.5％成長も高すぎるとはいえません。

労働時間の短縮も急がなければなりません。ドイツの年間労働時間は1,600時間を下回っています。フランスもすでに1,600時間台です。それでも両国の経済が活力を失っているきざしはありません。

日本にとっていま必要なことは、「利益が減る」、「給料が減る」という理由で、時短に消極的な態度をみせている企業経営者や、労働組合の幹部らがまず古い考えを改めて、新しい労働環境を整えることです。政府がどんなに立派な構想を打ち出しても、国民の意識改革が伴わなければ、絵に描いた餅になってしまいます。

備（そな）え preparation(s) (for)

途上国（とじょうこく）developing country

援助（えんじょ）help; aid; support

要請（ようせい）request; demand

下（した）回（まわ）って／下回る to be lower than; fall below

1,600時間台（じかんだい）over 1,600 hours; between 1,600 and 1,700 hours

両国（りょうこく）both countries

活力（かつりょく）energy; vitality

失（うしな）って／失う to lose

きざし sign; indication → きざし

必要な（ひつような）necessary; needed

利益（りえき）profit

給料（きゅうりょう）pay; salary; wage

理由（りゆう）a reason

時短（じたん）a shortening of working hours

消極的な（しょうきょくてきな）passive

態度（たいど）attitude

組合（くみあい）union

幹部（かんぶ）an executive; the (managing) staff

ら [suffix indicating the plural] → ～ら

まず first (of all) → まず

改（あらた）めて／改める to change

環境（かんきょう）environment; surroundings

整（ととの）える to prepare something for; complete (the preparations or arrangements for) → 整える

立派な（りっぱな）good; fine; splendid

構想（こうそう）conception; idea; plan

打（う）ち出（だ）して／打ち出す to come out with; put forward

意識（いしき）consciousness; awareness

改革（かいかく）reform

伴（ともな）わなければ／伴う to accompany; follow

絵（え）picture; painting

描（か）いた／描く to draw; paint

餅（もち）rice cake → 絵に描いた餅

どうも　[it seems that; often used together with expressions like よう and らしい]

  ❖ 彼は最近、顔色が悪い。どうも体の調子がよくないようだ。
- 顔色（かおいろ）が悪（わる）い to look sickly (below par)
- 体（からだ）の調子（ちょうし）one's physical condition

目標を掲げる　[to proclaim or announce a principle, policy, goal, etc.]

  ❖ 売上倍増の目標を掲げたが達成できるか疑問だ。
- 売上（うりあげ）sales
- 倍増（ばいぞう）doubling; twofold increase
- 達成（たっせい）できる to be able to achieve

さらに　[furthermore; in addition]

  ❖ 会社は去年週休２日制を導入した。さらに来年からは2週間の長期休暇制度を取り入れるという。
- 週休２日制（しゅうきゅうふつかせい）a five-day work week
- 導入（どうにゅう）した／導入する to introduce
- 長期休暇制度（ちょうききゅうかせいど）a system that implements long vacations

～とうたう　[to inform a large number of people of something through lucid writing or speech; frequently used in reference to a performance, the efficacy of some product, or a perceived point of excellence]

  ❖ そのパンフレットには「この薬はガンにもきく」とうたってあった。
- ガン cancer
- きく to be effective

ところが　[however; used particularly when results are different from previously stated predictions or expectations]

  ❖ 円高になれば、ガソリンも安くなると思っていた。ところが、全然安くならなかった。
- 円高（えんだか）strong yen

とりえ　[strong point; strong suit]

  ❖ 私のただひとつのとりえは体がじょうぶなことです。

異論を唱える　[to express publicly a differing opinion (view)]

  ❖ 円高はもっと進むという人もいるが、異論を唱える人も多い。

- 円高 (えんだか) strong yen
- 進 (すす) む to progress, escalate

高め [slightly higher than that generally assumed]

✎ 私の会社の初任給は今年は高めだったそうだ。
- 初任給 (しょにんきゅう) starting salary

夢がかなう [to realize a hope or ideal]

✎ 子供のときからの夢がかなって、歌手になった。
- 歌手 (かしゅ) singer

うまい話 [the prospect—too good to be true—of making a financial killing or gaining some other desired end]

✎ ある人に「今、10万円投資すれば1年後に10倍にして返す」と言われたが、そんなうまい話はあるはずがない。
- 投資 (とうし) すれば／投資する to invest
- 10倍 (じゅうばい) ten times

きざし [a sign or indication of an impending event]

✎ 景気回復のきざしが見え始めた。
- 景気 (けいき) business conditions
- 回復 (かいふく) recovery

〜ら [a suffix indicating the plural which is attached to nouns referring to people]

✎ 各部の代表者らが集まって、全体会議が行われた。
- 各部 (かくぶ) each division
- 代表者 (だいひょうしゃ) representative
- 全体会議 (ぜんたいかいぎ) plenary meeting

まず [first; first of all; before anything else]

✎ 日本の会社を訪問するときには、まず、電話でアポイントをとらなければならない。
- 訪問 (ほうもん) する to pay an (official or formal) visit

整える [to put or maintain in order; to regulate]

✎ 長期出張があるので、体調を整えている。
- 長期出張 (ちょうきしゅっちょう) long business trip
- 体調 (たいちょう) one's physical condition

打ち出す [to present new plans, strategies, etc. in a forceful and public manner]

✎ 政府は、景気回復のために新しい金融政策を打ち出した。
- 政府 (せいふ) the government

　　　　策（きんゆうせいさく）fiscal policy

　　　た餅　[a plan or thought that is ideal in every way but
　　　izable; lit., a rice cake painted in a picture, which may look
　　cious but is inedible]

　　　◈ 彼の企画は実現不可能で、絵に描いた餅になりそうだ。
　　　　• 企画（きかく）project
　　　　• 実現不可能（じつげんふかのう）impossible to realize

●●
Q | u | i | z | z | e | s

**I.　Choose the appropriate entries from the list so that the following
　　sentences conform with the essay.**

　日本人が豊かさを実感できないのは、(1) と (2) の悪さが遠因
になっているようだ。そのため日本政府が決めたのは (3) で、そ
の内容は (4) と (5) と (6) についてである。だが、日本人はみな
それに賛成しているわけではない。日本人が労働時間短縮をする
と日本経済は (7) し3.5％の経済成長率をあげることは (8) と
言っている人もある。しかし、(9) をしたり (10) をしたりするた
めには、3.5％の経済成長率が必要だ。また労働時間短縮もし
なければならないが、それにはまず国民が (11) することが大
切だ。

a. 給料
b. 住まい
c. 高齢化社会への備え
d. 労働条件
e. 生活大国5か年計画
f. だめになる
g. マイホーム
h. 社宅
i. 途上国への援助
j. むずかしくなる
k. 実質経済成長率
l. 年間総労働時間
m. 意識改革

II. Choose the appropriate item for each sentence below.

(1) 今年度営業利益を20％増やそうという目標を（　）が、達成できるかどうかわからない。
　　a. 掲げた
　　b. 出した
　　c. 下げた
　　d. 伸ばした

(2) 平成の不景気は日本型経営のせいだという人が多いが、異論を（　）人も多い。
　　a. 呼ぶ
　　b. 見る
　　c. 申す
　　d. 唱える

(3) そのパンフレットには「この薬を飲めば、1か月で11kgやせる」と（　）。
　　a. うたってあった
　　b. えがいてあった
　　c. つかってあった
　　d. いってあった

(4) 一度でいいからブロードウェーのミュージカルを見に行きたいと願っていたが、夢が（　）今年の夏、ニューヨークへ行けることになった。
　　a. 完成して
　　b. かなって
　　c. できあがって
　　d. 結んで

(5) 課長に明日の会議に使う資料を（　）ように言われた。
　　a. 整えておく
　　b. 持っておく
　　c. 飾っておく
　　d. しておく

III. Choose the items which have the same meaning as the underlined words.

(1)「1日漢字を20ずつ覚えれば、3か月とちょっとで2,000覚えられるんですって。」
　「そんな計画は<u>絵に描いた餅</u>ですよ。」
　　a. とてもいい計画
　　b. きれいな計画
　　c. 実際には無理な計画

(2) 給料が高くて、有給休暇が年に30日あって……というような
  <u>うまい話</u>ばかり探していては、なかなか就職できない。
  a. たのしい話
  b. 条件がいい話
  c. あまりない話

(3) この会社は給料もやすいし、土曜日も休みではないし、あま
  り<u>とりえがない</u>。
  a. いいところ
  b. 悪いところ
  c. むずかしいところ

(4) 彼はこの会社は給料が安すぎるから、他の会社にかわりたい
  と言っているが、それは<u>もっとも</u>だ。
  a. わがままだ
  b. あたりまえだ
  c. ふつうだ

(5) このごろはステレオも小さくて音がいいものが求められてい
  るというが、そんな<u>二兎を追う</u>ようなことがうまくいくの
  だろうか。
  a. 2回同じことをやる
  b. 2匹の兎をつかまえる
  c. ふたつの成果を一度に求める

IV. Based on the essay, choose the proper item to complete each sentence.

(1) 日本人の年間総労働時間は、先進国の中で一番長く2,000時間
  を（　　）。
  a. あがっている
  b. 上回っている
  c. 下回っている

(2) 次はイギリスで、2,000時間をすこし（　　）。
  a. あがっている
  b. 上回っている
  c. 下回っている

(3) ドイツはフランスとならんで、年間総労働時間は1,700時間を
  （　　）。
  a. あがっている。
  b. 上回っている。
  c. 下回っている。

Answers

> **I.** (1) b (2) d (3) e (4, 5, 6) l / k / g (7) f, (8) j (9, 10) c / i (11) m
>
> **II.** (1) a (2) d (3) a (4) b (5) a
>
> **III.** (1) c (2) b (3) a (4) b (5) c
>
> **IV.** (1) b (2) c (3) c

「豊かさ」への挑戦

日本経済は、生産システムとしては世界一だが、生活システムとしては先進国のなかで最低だ、とよくいわれます。日本は豊かな国だが、日本人は貧しいという人もいます。数々の舌禍事件を起こしたクレッソン・前フランス首相は、「日本人はアリだ」とまで言いました。

海外からそんな酷評が聞こえてくるたびに、わたしたちはじくじたる思いを抱きながらも、「日本は戦後の荒廃から出発したので……」、「日本には資源がないから……」、といった理由をあげて、反論してきたものでした。

一国の市場経済システムは、それぞれの国の伝統や風土を反映してできあがっていますから、日本型システムがアメリカや欧米のシステムと異なっていても不思議ではありません。しかし、現在のシステムでは国民が豊かさを実感できないというのであれば、たとえ外圧が加わらなくても、すすんで修正していくのが当然でしょう。

日本型の市場経済システムには、たしかにいろいろな問題があります。システムが完璧に作動しても、社会には市場メカニズムだけでは埋め切れないすき間もあります。

豊かさ（ゆたかさ）affluence; rich-ness

挑戦（ちょうせん）challenge

生産（せいさん）production

生活（せいかつ）living; (quality of) life

先進国（せんしんこく）advanced (developed) country

最低（さいてい）the lowest; the worst

いわれます it is said → 〜といわれる

豊かな（ゆたかな）affluent; rich

貧（まず）しい poor; needy

数々（かずかず）many; numerous

舌禍事件（ぜっかじけん）scandal caused by the inflammatory re-marks of a public person

起（お）こした／起こす to give rise to; lead to

前（ぜん）former [prefix]

首相（しゅしょう）prime minister

とまで as far as → 〜とまで

海外（かいがい）overseas; abroad

酷評（こくひょう）scathing criticism

たび whenever; every time

じくじたる思（おも）い a feeling of shame; chagrin

抱（いだ）きながら／抱く to en-tertain; harbor; have

戦後（せんご）postwar

荒廃（こうはい）devastation; ruin

出発（しゅっぱつ）した／出発する to start

資源（しげん）natural resources

理由（りゆう）をあげて／理由をあげる to give as a reason; offer as an excuse

反論（はんろん）して／反論する to bring forward a counterargu-ment; refute

きたものでした had been accus-tomed to → 〜ものでした

市場経済（しじょうけいざい）market economy

伝統（でんとう）tradition

風土（ふうど）climate

反映（はんえい）して／反映する to reflect

できあがって／できあがる to reach final form; bring to completion

日本型（にほんがた）Japanese style

異（こと）なって／異なる to dif-fer; be different

不思議（ふしぎ）strange

現在（げんざい）present

実感（じっかん）できない／実感できる to have a real sense of; to feel the reality of

というのであれば if such is the case → 〜というのであれば

外圧（がいあつ）external (foreign) pressure

加（くわ）わらなくて／加わる to have an effect; take effect

すすんで voluntarily; willingly

修正（しゅうせい）して／修正する to revise; modify; rectify

当然（とうぜん）natural; reasonable

完璧に（かんぺきに）perfectly; flawlessly

作動（さどう）して／作動する to function; operate; work

埋（う）め切（き）れない／埋め切れる to fill completely; com-pensate entirely (for a loss etc.) → 〜切れない

すき間（ま）gap; disparity (Note: すき間を埋める = to solve and alleviate problems (gaps) which appeared due to imperfections in a system etc.)

豊かさを実感できる成長システムにしていくには、政府の規制や保護政策の見直しが必要です。企業は生産性をもっと高めることによって、労働時間を短縮していかなければなりません。東京への一極集中を是正するには、首都の移転もそろそろ本気で考えるべきときです。

　この種の議論が始まると、「まず制度改正ありき」という話になりがちですが、現実の世界では、制度を変えたら社会も変わったという場合よりも、社会が変わって制度も変えざるを得なくなったというケースが多いようです。

　では、社会を変えていくのは、だれか。政治家、官僚、企業経営者にもそのチャンスはありますが、これから台風の目になるのは、おそらく団塊の世代（1947－49年生まれ）と団塊ジュニア(1971－74年生まれ)の戦後パワーでしょう。

　かれらに共通しているのは、自分なりのライフスタイルを持ち、会社選びから消費、休暇の過ごし方にまで、そのスタイルを貫こうとする傾向が強いことです。官民の各種アンケート調査でも、この世代は「会社より暮らし」、「残業より休暇」を優先すると回答しています。その回答が、願望から意思へはっきり変わったとき、旧い制度や慣行も崩れ去り、新しい経済システムが誕生するのかもしれません。

成長（せいちょう）growth

政府（せいふ）government; the government

規制（きせい）control; regulation

保護政策（ほごせいさく）protective policy

見直し（みなおし）reconsideration

必要（ひつよう）necessary; needed

企業（きぎょう）business enterprise

生産性（せいさんせい）productivity

高（たか）める to enhance; increase

労働（ろうどう）work; labor

短縮（たんしゅく）して／短縮する to cut down; reduce

一極集中（いっきょくしゅうちゅう）centralization

是正（ぜせい）する to correct; put something right

首都（しゅと）capital (city)

移転（いてん）relocation

そろそろ by and by; pretty soon ➔ そろそろ

本気（ほんき）seriously ➔ 本気で

種（しゅ）kind; type

議論（ぎろん）discussion; debate

制度（せいど）system

まず制度改正ありき "first and foremost was system reform" [ありき is classical Japanese; the formula is まず～ありき＝始めに～があった]

改正（かいせい）revision; amendment

がち apt to ➔ ～がちだ

現実（げんじつ）reality

変（か）えたら／変える to reform; change

変（か）わった／変わる to change; undergo a change

場合（ばあい）case

ざるを得（え）なくなった／ざるを得ない cannot help (doing); be compelled to (do) ➔ ～ざるを得ない

政治家（せいじか）politician

官僚（かんりょう）bureaucrat; bureaucracy

経営者（けいえいしゃ）manager; management

台風（たいふう）typhoon

台風（たいふう）の目（め）the center of a storm

団塊（だんかい）の世代（せだい）baby boomers

共通（きょうつう）して／共通する to have in common

自分なり（じぶんなり）one's own; personal ➔ 自分なりの

選（えら）び／選ぶ to choose; select

消費（しょうひ）consumption

休暇（きゅうか）holidays; vacation

過（す）ごし方（かた）way of passing (spending) one's time

貫（つらぬ）こう／貫く to carry through (out) ➔ 貫く

傾向（けいこう）tendency

官民（かんみん）the government and the people; government officials and private citizens; governmental and civilian

各種（かくしゅ）every kind

アンケート調査（ちょうさ）survey by questionnaire

暮（く）らし（personal）life

残業（ざんぎょう）overtime work

優先（ゆうせん）する to give precedence (priority)

回答（かいとう）して／回答する to reply; answer

願望（がんぼう）desire; wish

意思（いし）intention; purpose

旧（ふる）い old

慣行（かんこう）custom; practices

崩（くず）れ去（さ）り／崩れ去る to crumble; collapse

誕生（たんじょう）する to come into existence

〜といわれる　[it is generally said or maintained]

  ✎ 日本人は勤勉で遊ぶのが下手だといわれる。
- 勤勉（きんべん）diligent

〜とまで　[go so far as to say etc. (in citing an extreme)]

  ✎ 彼女は「私はあの人と結婚できなければ死ぬ」とまで言っている。

〜ものでした　[(preceded by a verb in the past tense) indicates that something was always that way in the past or was often done that way; frequently nostalgic]

  ✎ 子供のころはよく川で遊んだものだった。

〜というのであれば　[if such is true; if that is the situation]

  ✎ 行きたくないというのであれば行かなくてもかまいません。

〜切れない　[to be unable to do something in a complete or satisfactory manner; to be unable to finish]

  ✎ こんなに仕事が多くてはとても今日中にはやり切れない。

そろそろ　[indicates that the time is fast approaching when something must be done]

  ✎ 娘も23才になった。そろそろ結婚を考えてもよい年令だ。
- 年令（ねんれい）age

本気で　[to take something seriously rather than just talk about it]

  ✎ 本気で政治改革をやろうとしている政治家がいるのだろうか。
- 政治改革（せいじかいかく）political reform
- 政治家（せいじか）politician

〜がちだ　[apt to do, tend to do; with the action in question frequently having negative connotations]

  ✎ 私の子どもは小さいときから体が弱く病気がちだった。
- 体（からだ）が弱（よわ）い to be physically weak

〜ざるを得ない　[in light of the circumstances, there is no choice but to undertake the action indicated; する in this construction is せざるを得ない]

  ✎ 台風で新幹線が止まったため、出張を中止せざるを得なかった。
- 台風（たいふう）typhoon

- 新幹線（しんかんせん）bullet train
- 出張（しゅっちょう）business trip
- 中止（ちゅうし）せざる／中止する to cancel

自分なりの　[in keeping with one's own personality, ability, tastes, etc.]

✎ 小さい会社ですが、自分なりの仕事ができて、満足しています。
- 満足（まんぞく）して／満足する to be satisfied

貫く　[not to change one's will, ideals, etc. from beginning to end]

✎ 彼は子どものころからの夢を貫いて、音楽家になった。
- 音楽家（おんがくか）musician

● ●

Q|u|i|z|z|e|s

I. Mark with a circle those statements that are consistent with the Nikkei essay, and those that are not with an X.

(1) 日本は豊かな国だから、日本型市場経済システムは変えてはいけない。

(2) 日本型の市場経済システムは、欧米のものとよく似ている。

(3) 国民が豊かさを実感できるシステムにするためには社会が変わらなければならない。

(4) 日本国民は今の生活では豊かさを実感していない。

(5) 首都の移転や労働時間短縮はこれからの日本国民の生活のために必要だ。

(6) これから政府は保護政策をとって、市場経済をまもらなければだめだ。

(7) これからの社会を変えていく力があるのは団塊の世代と団塊ジュニアたちだ。

(8) 「戦後パワー」に共通しているのは会社中心主義ではないということだ。

II. Match the items with similar meanings in the two columns below.

(1) 酷評　　　　　a. 制度などが悪くて出てきた問題

(2) 外圧　　　　 b. 今は静かだが問題になりそうなもの

(3) すき間　　　 c. 悪い評判

(4) 台風の目　　 d. ひとつのところに集まること

(5) 一極集中　　 e. 外国が強く要求すること

III. Select the items that complete the following sentences.

(1) 彼はピアニストになりたいという自分の意志を貫いて（　）。
　　a. ピアニストになるのをやめた
　　b. 会社員になった
　　c. 音楽大学に行った

(2) 私は高校生のころは（　）ものでした。
　　a. よく映画を見に行った
　　b. 元気だった
　　c. サッカー選手になった

(3) 彼は本気で大学院へ行こうとしている。きっと（　）。
　　a. まじめに勉強するだろう
　　b. あまり勉強したくないのだろう
　　c. もう勉強しないだろう

(4) こんなに（　）アルバイトをせざるをえない。
　　a. 生活しやすいのなら
　　b. 物価が高かったら
　　c. 人口が多いので

(5) あの子はまだ12才だが、自分なりの（　）。
　　a. 勉強がきらいだ
　　b. 考えがある
　　c. 先生になりたがっている

IV. Based on your reading of the essay, answer the following questions.

(1) 現在、「日本型システム」について海外からどのように言われていますか。
　　日本型システムは（　）と言われている。
　　a. 全てのシステムがすばらしいから、うまくいっている
　　b. 生産システムはいいが、生活システムに問題がある
　　c. 生産システムを変えたほうがいい

(2) これから日本の経済システムをどのようにすればいいと思いますか。

これからは（　）。
　a. アメリカや欧米に批判されないような日本型システムを作る
　b. アメリカや欧米と同じシステムを作るべきだ
　c. 国民が豊かさを実感できるシステムに変える必要がある

(3) どうしてそう考えますか。

　それは（　）システムを変えなくてはならないからだ。
　a. 社会を変えるために
　b. 社会が変わったから
　c. そのシステムのために社会が悪くなったから

(4) （#2）をやるためにやらなければならないと思うことを述べなさい。

　そのためには（　）べきではないだろうか。
　a. 政治家や官僚ががんばる
　b. 団塊世代や団塊ジュニアの力を大切にする
　c. 台風の目が生まれる

Answers

> **I.** (1) X (2) X (3) m (4) m (5) m (6) X (7) m (8) m
> **II.** (1) c (2) e (3) a (4) b (5) d
> **III.** (1) c (2) a (3) a (4) b (5) b
> **IV.** (1) b (2) c (3) b (4) b

Atoda Short Stories

「地震対策」

「今日おうかがいしたのは、ほかでもありません」

白髪の男が、真剣なまなざしで口を切った。

ここは都下N市の消防署長室。紺の制服を着た署長を前にして三人の市民代表がすわっていた。三人の名刺が署長の机の上に並んでいる。T大学教授、A新聞記者，K研究所員。いずれおとらぬうるさがたらしい様子である。

「署長はこの町の地震対策をどのようにお考えですか」

署長はさっきから、この大層な肩書の紳士たちに囲まれて少し上気ぎみであった。いくらかどもりながら、

「あの……その、私どもといたしましては、地震の対策につきましては、深く考慮しておりますが、なにぶんにも地震は火災とは異なりまして、本当に起きるのか、起きないのか、また起きるとすればどの程度の規模の地震なのか、そのへんの見当がまったくつきません」

「災害とは、もともとそういうものでしょう」

こう言ったのは、右端にすわった新聞記者である。銀ぶちの眼鏡がキラキラ光っている。

署長はあわてて弁明した。

「それはそうですが、たとえば火災事故の場合は毎年

W o r d   L i s t

地震（じしん）earthquake

対策（たいさく）measure; step
(Note: 地震対策 = measures to be taken in case of an earthquake.)

おうかがいした／おうかがいする to visit; call on [humble form]

ほかでもありません／ほかでもない there is no other (reason etc. but what follows; a dramatic way of introducing the reason etc. for some action)

白髪（しらが）gray hair; white hair

真剣な（しんけんな）earnest

まなざし gaze; look

口（くち）を切（き）った／口を切る to be the first to speak

都下（とか）(under the jurisdiction of) the Metropolis (of Tokyo)

消防署長（しょうぼうしょちょう）fire marshal

室（しつ）room; office

紺（こん）dark blue; navy blue

制服（せいふく）uniform

代表（だいひょう）representative

名刺（めいし）business card

教授（きょうじゅ）professor

記者（きしゃ）reporter

研究所員（けんきゅうしょいん）researcher

いずれ any

おとらぬ＝おとらない／おとる to be inferior → いずれおとらぬ

うるさがた nitpicker; faultfinder

様子（ようす）state of affairs; the situation

大層な（たいそうな）impressive

肩書（かたがき）title; position

紳士（しんし）gentleman

囲（かこ）まれて／囲む to surround; encircle

上気ぎみ（じょうきぎみ）flushed → 〜ぎみ

どもりながら／どもる to stammer; stutter

あの er [used as a filler when beginning to speak, or midway, while thinking of what to say next]

その ah [used in speech as a stopgap when at a loss for what to say next]

私ども we [humble form]

いたしまして／いたす to do [humble form] (Note: といたしましては = as for [us etc.]; as far as [we etc.] are concerned.)

につきまして as to; as for; concerning

考慮（こうりょ）して／考慮する to take into consideration

おります／おる [polite form of いる]

なにぶんにも in any case; anyhow; after all → なにぶんにも

火災（かさい）fire; conflagration

異（こと）なりまして／異なる to differ; be different

とすれば assuming that → 〜とすれば

規模（きぼ）scale

そのへんの that sort of; that kind of

見当（けんとう）がつきません／見当がつく to be able to guess → 見当がつかない

災害（さいがい）disaster; calamity

もともと by nature; intrinsically

右端（みぎはし）the right side

銀（ぎん）ぶち silver rims

眼鏡（めがね）glasses; spectacles

キラキラ glittering; flashing

あわてて／あわてる to get flustered

弁明（べんめい）した／弁明する to explain; justify oneself

それはそうですが that is only too true, but → それはそうですが

事故（じこ）accident

統計をとってみますと、一年に何件、どのくらいの事故が起きるかおおむね見当がつきます。平均的な数値があるものでして、はい。それに応じて人員の確保、予算的措置など対策が講じられますのです。ところが地震の場合は……」

「駄目ですか」

「ええ、まあ、雲をつかむような話ですから、実際問題としてどういう対策を立てたらいいか、本当のところわからんのです。三階だて以上のビルを建てるな、五軒家を建てれば一軒分は空地にしろ、そんな注文を出すわけにもいきませんし、ある程度以上効果のある対策を立てるとなると、予算がかさんで、かさんで、とても無理です。万一、予算が認められても、それで地震がこなければ無駄になりかねないし、予算の効果的な利用という面からみても、これはむつかしいことでございます」

「いや、ところが、この町にはかならず地震が来るんです」

　禿頭の研究所員が自信タップリに署長の言葉をさえぎった。

「えっ？」

「地震は来ます。私どもはここ数十年来の世界の大地震のデータを集めて、科学的に分析してまいりました。その結果、地震の発生について、ほぼ確実な予測ができるのです。その調査によれば、ここ半年以内にこの市にマグニチュード8レベルの大地震が起きることが明らかになりました」

「はあ？」

「ここにその根拠を示すリポートがあります」

統計 (とうけい) をとって／統計をとる to compile statistical data

何件 (なんけん) how many instances (cases)

おおむね roughly; generally

平均的な (へいきんてきな) average

数値 (すうち) numerical value

に応 (おう) じて according to → 〜に応じて

人員 (じんいん) staff

確保 (かくほ) allocating; setting aside

予算的 (よさんてき) budgetary

措置 (そち) measure; step

対策 (たいさく) を講 (こう) じられます／対策を講じる to take measures

ますのです [a combining of the ます and です forms for a more humble effect]

駄目 (だめ) no good

ええ、まあ…… yes, well …

雲 (くも) cloud

つかむ to grab; get a hold of (Note: 雲をつかむような話 = a subject with no reality; something that's difficult to grasp in any concrete way.)

実際問題 (じっさいもんだい) practical question or problem

対策 (たいさく) を立 (た) てたら／対策を立てる to formulate measures; to set up strategies

本当 (ほんとう) のところ as a matter of fact

わからん＝わからない don't know [male speech]

三階だて (さんがいだて) three-story (building)

五軒 (ごけん) five houses

一軒分 (いっけんぶん) space equivalent to one house; one lot

空地 (あきち) vacant land; empty lot

注文 (ちゅうもん) を出 (だ) す to make a request, demand; attach a condition

わけにもいきません it won't do to … → 〜わけにはいかない

効果 (こうか) effect; effectiveness

となると when and if → 〜となると

かさんで／かさむ to run up; increase

無理 (むり) impossible (Note: とても無理です = it's absolutely impossible.)

万一 (まんいち) by any chance → 万一

認 (みと) められて／認める to approve; accept

無駄 (むだ) になりかねない／無駄になる to come to nothing; be wasted → 〜かねない

面 (めん) aspect; side

禿頭 (はげあたま) bald head

自信 (じしん) self-confidence

タップリ full of

さえぎった／さえぎる to cut off; interrupt

えっ hah! [sound made when taken aback by something unexpected]

ここ数十年来 (ここすうじゅうねんらい) for the past several decades

科学的に (かがくてきに) scientifically

分析 (ぶんせき) して／分析する to analyze

結果 (けっか) result

発生 (はっせい) occurrence; outbreak

確実な (かくじつな) certain; indisputable

予測 (よそく) forecast

調査 (ちょうさ) research; investigation

ここ半年以内に (ここはんとしいないに) within the next six months

はあ [a word suggesting suspicion or doubt]

根拠 (こんきょ) basis; ground(s)

研究所員はカバンの中から厚さが十五センチもある
綴じ込みを出した。署長が取って眺めると、こまかい
数字や、複雑なグラフがギッシリと書いてある。
「まあ、この資料はあとでゆっくりご覧いただくとして、
その地震によって引き起こされる被害ですが……」
　新聞記者がもう一つのリポートを差し出した。こち
らのほうは少し薄くて署長にも理解できそうだ。署長
はペラペラめくりながら声を出して、
「この地震により町の建造物の九十八パーセントが崩壊
し、山側の地域では大きな土砂崩れ、川側の地域では
大洪水。死者は二十五万人……。あの……二十五万人
ですか」
「そうです」
「この市の人口が二十五万人ですよ」
「知ってます。だからこそこのリポートをしっかりご研
究のうえ確固たる対策を立ててほしいのです」
　署長は半信半疑だったが、三人は熱っぽく説明をく
り返した。
　聞けば聞くほど三人の主張は正しいような気がして
きた。しかし、署長にはなにひとつとしてうまい考え
が浮ばない。
「おわかりですな」
「ええ、まあ……」
「では、十日後にまたうかがいます。それまでに実効の
ある回答をお願いします」
　市民代表は帰ったが、署長はただオロオロと無策な
日々を送るばかりだった。
　だが……署長はポンとひざを打った。

厚さ（あつさ）thickness

綴（と）じ込（こ）み file (of papers)

眺（なが）める to look at

複雑（ふくざつ）complicated

ギッシリ densely ➞ ギッシリと

資料（しりょう）material; data

ご覧（らん）いただく to have someone look at (Note: honorific form of みてもらう.)

引（ひ）き起（お）こされる／引き起こす to cause; bring about

被害（ひがい）damage

差（さ）し出（だ）した／差し出す to hand over

薄（うす）くて／薄い thin

理解（りかい）できそう／理解できる to comprehend

ペラペラめくり／ペラペラめくる to leaf (flip) through

建造物（けんぞうぶつ）building(s); structure(s)

崩壊（ほうかい）し／崩壊する to collapse

山側（やまがわ）toward the mountain(s)

地域（ちいき）area; district

土砂崩れ（どしゃくずれ）landslide

川側（かわがわ）toward the river

洪水（こうずい）flood; inundation

人口（じんこう）population

だからこそ for that very reason ➞ 〜こそ

しっかり thoroughly ➞ しっかり

研究（けんきゅう）study; research

のうえ after ➞ 〜のうえ

確固（かっこ）たる strong; solid; unshakable

半信半疑（はんしんはんぎ）unsure; doubtful; dubious ➞ 半信半疑

熱（ねつ）っぽく／熱っぽい enthusiastic; passionate ➞ 熱っぽく

説明（せつめい）explanation

主張（しゅちょう）claim; assertion

ような気がしてきた began to feel that ➞ 〜ような気がする

なにひとつ anything; nothing ➞ なにひとつとして〜ない

うまい good

考（かんが）えが浮（うか）ばない／考えが浮ぶ to come up with an idea

実効（じっこう）practical effect; efficacy

回答（かいとう）(official) answer; reply

オロオロと be at a loss ➞ オロオロと

無策な（むさくな）thoughtless; unthinking; without any ideas or plans

日々（ひび）を送（おく）る to pass each day

ばかりだった was (did) nothing but ➞ 〜ばかりだ

ポンと a popping or other quick, light sound

ひざ knee

打（う）った／打つ to hit (Note: ポンとひざを打つ = to slap one's knee [as an indication that one's has just had a good idea].)

市民代表がふたたび署長室を訪ねたとき、署長は意気高らかに告げた。
「あれが私の考えた対策です」
　署長室の窓から"地震に気をつけよう"と書いた大きなアドバルンが空に昇っている。三人はもう怒る気にもなれない。
「あなたにお話しても意味がない。市長に直接訴えます」
　あきれ顔で告げて立ち去った。
　とはいえ市長に談判したところで、すぐにうまい対策が生まれるはずもない。

　一ヶ月後にまさしく予想通りの大地震がN市を襲った。死亡者の数もほぼ予想通りだった。ただ一人消防署長のみがアドバルンにぶらさがりN市の惨事を見おろしていた。

訪（たず）ねた／訪ねる ; to visit

意気（いき）spirits

高らかに（たからかに）raised high → 意気高らかに

アドバルン advertising balloon

昇（のぼ）っている／昇る to float

怒（おこ）る to become angry

気（き）にもなれない do not feel like doing; be in no mood to do; cannot bring oneself to do (Note: 怒る気にもなれない = to be so astounded that one can't feel properly angry [indicating strong disappointment].)

意味（いみ）sense; meaning

市長（しちょう）mayor

直接（ちょくせつ）direct(ly)

訴（うった）えます／訴える to appeal to

あきれ顔（がお）amazed (dumfounded) look

立（た）ち去（さ）った／立ち去る to leave; go off

とはいえ that having been said → とはいえ

談判（だんぱん）した／談判する to negotiate with; conduct talks with

ところで even if → 〜したところで

生（う）まれる to come into being; come to mind

はず expectation → 〜はずもない

まさしく indeed; surely → まさしく

予想通り（よそうどおり）as expected

襲（おそ）った／襲う to strike; hit

ぶらさがり／ぶらさがる to hang down (from)

惨事（さんじ）disaster

見（み）おろして／見おろす to look down upon

Important Expressions

いずれおとらぬ　[none inferior to the others; are equally …]
- あの三人姉妹はいずれおとらぬ美人だ。
  - 姉妹 (しまい) sisters

〜ぎみ　[a hint or touch of something]
- 頭も痛いし、のども痛くてかぜぎみだ。
  - のど the throat
  - かぜ a cold

なにぶんにも　[in any case; regardless (of other considerations)]
- なにぶんにもそれはずっと昔のことなので、もう忘れてしまった。
  - ずっと昔 (むかし) long time ago

〜とすれば　[if something should occur; in the eventuality that something should happen]
- 四月に転勤するとすれば、今住んでいる家は売らなければならない。
  - 転勤 (てんきん) する to be transferred

見当がつかない　[it is difficult to predict; it is hard to say or tell]
円はいくらまで上がるか見当がつかない。
  - 上 (あ) がる to rise

それはそうですが　[that may be true, but …]
A. 「中国に行くなら、中国語を勉強すべきですよ。」
B. 「それはそうですが、時間もないしむずかしそうだし……」
  - 〜すべき should do

〜に応じて　[depending on; in proportion to]
- アメリカでは能力に応じて給料が決まるという。
  - 能力 (のうりょく) ability
  - 給料 (きゅうりょう) salary

本当のところ　[the truth of the matter]
- 医者はがんではないと言ったが、本当のところ、わからない。
  - 医者 (いしゃ) (medical) doctor
  - がん cancer

〜わけにはいかない　[there is no way that …; there is no reason to …; (I) can't just up and …]

✎ 仕事がおもしろくなくても、会社をやめるわけにはいかない。
  • やめる to quit

〜となると　[when (if) it comes to …]
✎ 運転免許を取ったが、一人で運転するとなるとまだこわい。
  • 運転免許 (うんてんめんきょ) driving license

万一　[if by chance; if ("ten thousand to one") I should …]
✎ この保険に入っておけば、万一病気になっても安心だ。
  • 保険 (ほけん) に入 (はい) って／保険に入る to take out insurance
  • 安心 (あんしん) to have no worries

〜かねない　[it is not impossible that something may happen; something may possibly happen (usually with negative results)]
✎ そんなにスピードを出すと、大事故をおこしかねない。
  • スピードを出 (だ) す to speed; go beyond the speed limit
  • 事故 (じこ) をおこし／事故をおこす to cause an accident

ギッシリと　[tightly packed (of people or things)]
✎ 冷蔵庫には食べ物や飲み物がギッシリとつまっている。
  • 冷蔵庫 (れいぞうこ) refrigerator
  • つまって／つまる to be packed in

〜こそ　[a particle that emphasizes the importance of one thing over others]
✎ 彼こそ本当の医者だと言える。

しっかり　[throughly; carefully and in detail]
✎ 明日は漢字のテストをしますから、しっかり復習しておいてください。
  • 復習 (ふくしゅう) して／復習する to review

〜のうえ　[after; following; upon]
✎ その件は上司と相談のうえ、お答えいたします。
  • 件 (けん) matter
  • 上司 (じょうし) superior (at one's place of work)

半信半疑　[to be unsure whether something is really true or not; often favoring the negative side]
✎ このガンは手術をすれば必ずなおると言われたが、半信半疑だ。
  • ガン cancer
  • 手術 (しゅじゅつ) surgical operation
  • なおる to get well

熱っぽく　[passionately; impassionedly, ardently]

 🖋 セールスマンは熱っぽく客に新製品をすすめた。

- セールスマン salesman
- 新製品（しんせいひん）new product
- 客（きゃく）customer
- すすめた／すすめる to recommend

~ような気がする　[to have a feeling or intuition that something might happen]

 🖋 この宝くじは当たるような気がする。

- 宝くじ（たからくじ）lottery (ticket)

なにひとつとして~ない　[there is not even one ... (used for emphasis)]

 🖋 今の生活に満足しています。なにひとつとして不満はありません。

- 満足（まんぞく）して／満足する to be satisfied
- 不満（ふまん）dissatisfaction

オロオロと　[distraught; bewildered; not knowing what to do due to worry, sadness, surprise, etc.]

 🖋 パスポートをなくして、オロオロと部屋をさがしている。

~ばかりだ　[to be (or do) one thing and one thing only]

 🖋 入社してから3カ月になるが、毎日家と会社を往復するばかりだ。

- 入社（にゅうしゃ）して／入社する to join a company
- 往復（おうふく）する to commute; to go back and forth between two places

意気高らかに　[in high spirits; with verve]

 🖋 その自動車会社の社長は意気高らかに新型車を発表した。

- 新型車（しんがたしゃ）new-model car
- 発表（はっぴょう）した／発表する to announce; unveil

とはいえ　[even so; which is true enough, but ...; used when introducing a qualification]

 🖋 朝食をしっかり食べた方がいいという。とはいえ実際には、朝そんな時間はない。

- しっかり properly

~したところで　[even if; even though; pointing out the meaninglessness of some action]

 🖋 ダイエットやジョギングをしたところで、すぐにはやせられない。

- ダイエットをした／ダイエットをする to go on a diet
- ジョギングをした／ジョギングをする to jog
- やせられない／やせる to lose weight

〜はずもない　[to be beyond the realm of possibility; to be out of the question]

✎ 100万円が1年で10倍になるなんて、そんなうまい話があるはずもない。

- うまい話 (はなし) a "sweet deal"; the prospect of getting rich quickly etc.

まさしく　[without a doubt; in truth]

✎ 富士山はまさしく日本一の山だ

- 富士山 (ふじさん) Mt. Fuji

●●●
Q | u | i | z | z | e | s

I. Mark the statements that match the story with a circle, and those that do not with an X.

(1) Ｎ市の消防署長はうるさがたである。

(2) 消防署長は落ち着いて三人の市民代表と話した。

(3) 消防署長によると、実際問題となると地震対策は予算の面からも難しい。

(4) 研究所員はここ数十年のうちに、Ｎ市に大地震が起きることを確信している。

(5) 新聞記者のレポートによると、大地震が来ればＮ市の市民は全員死ぬことになっている。

(6) 消防署長は三人の市民代表の主張を聞けば聞くほど半信半疑になった。

(7) 三人の市民代表は署長に効果のある地震対策を立てるように頼んだ。

(8) 十日後、三人がふたたび署長室に来たとき、署長はいい対策ができてうれしそうだった。

(9) 三人は署長の地震対策を聞いて、怒って帰った。

(10) 三人は市長に直接訴えたが、すぐにいい対策はできなかった。

(11) 大地震がN市を襲ったのも、市民全員、一人のこらず死亡したのも三人の言った通りだった。

II. Choose the items from "a" to "e" that complete those in 1 to 5.

(1) 顔色もよくないし食欲もないし　　a. 見当もつかない。

(2) 10年後あの国がどうなるか　　　　b. 雲をつかむような話だ。

(3) 宇宙に野菜生産工場を　　　　　　c. いいアイディアが浮かば
　　つくるなんて　　　　　　　　　　ない。

(4) 考えても考えてもなに　　　　　　d. 倒産しかねない。
　　ひとつとして

(5) これ以上不況が続くと　　　　　　e. つかれぎみだ。
　　あの会社は

III. Select the most appropriate adverb from the list below. Use each item only once.

(1) この町に地震が来るか、来ないのか、どの程度の規模なのか
　　（　）見当がつかない。

(2) 100%とは言えないが、データを集めて科学的に分析すれば
　　（　）確実な地震予測ができる。

(3) 試験に合格するように（　）勉強しなさい。

(4) 今日中にこの仕事を終えるのは（　）無理だ。

(5) 資料には複雑なデータが（　）書いてある。

(6) 金ぶちの眼鏡が（　）光っている。

(7) 皆は賛成だったが、（　）一人A部長だけが反対した。

(8) 今は時間がないから、この資料はあとで（　）見ます。

(9) この町に（　）地震が来ると、自信（　）その研究員は言った。

(10)（　）予想通りの大地震がN市を襲った。

a. キラキラ　b. かならず　c. ただ　d. ギッシリと　e. まさしく　f. しっかり　g. まったく　h. ほぼ　i. ゆっくり　j. とても　k. たっぷりに

IV. Choose the items that best complete the sentences below.

(1) 今日、みなさんにお集まりいただいたのは、（　）。すぐに事故の対策を立てなければならないんです。
　　a. ほかでもありません

b. ことのほかです

c. ほかなりません

(2) みんながまだ働いているのに私だけが先に帰る（　）。

a. わけだ

b. わけにはいかない

c. わけがわからない

(3) その件につきましては社長とよくご検討（　）ご回答ください。

a. のもとで

b. のうえ

c. のすえ

(4) ピアノは（　）上手になります。

a. 練習しても練習しても

b. 練習しようかするまいか

c. 練習すればするほど

(5) 考えたところで、いい対策が生まれる（　）。

a. はずもない

b. はずだ

c. はずなのに

Answers

> **I.** (1) X (2) X (3) m (4) X (5) m (6) X (7) m (8) m (9) m
> (10) m (11) X
>
> **II.** (1) e (2) a (3) b (4) c (5) d
>
> **III.** (1) g (2) h (3) f (4) j (5) d (6) a (7) c (8) i (9) b, k (10) e
>
> **IV.** (1) a (2) b (3) b (4) c (5) a

幸福番号

　　一人の男がめぐりあった。サエタ氏とマノビ氏。
　　学生の頃からの友だちだった。
　「よおッ、久しぶり」
　「生きていたのか」
　　　二人は肩を抱きあい、酒場のドアを押した。何軒目
　かの店で、美人のママが愛敬を振り撒きにやって来た。
　「なにかおもしろいことないか」
1.「おもしろいこと？あっ、そう。すばらしい占いを
　　覚えたの」
　「当たるのか」
　「よく当たるわ」
2.「よし。じゃあ、今年の俺の運勢を占ってくれ」
　　　身を乗り出したのはマノビ氏のほうだった。
　「1から9までの数の中で、あなたが一番好きなの
　　は、なーに？」
　「ウーンと……8だな」
　「それからあなたの生まれた年は昭和なん年かしら」
　「昭和二十九年」
　「じゃあ、大好きな8のあとに29をつなげて82
　　9を作り、それを二つ重ねて829829、六ケタ
　　の数にするの」

84

W o r d   L i s t

幸福 (こうふく) happiness; good luck (fortune)

番号 (ばんごう) a number (Note: 幸福番号 is a coinage, not the exact equivalent of "lucky number.")

めぐりあった／めぐりあう to meet (again) by chance

サエタ氏 (し) Mr. Sharp → サエタ氏

マノビ氏 (し) Mr. Dull → マノビ氏

氏 (し) Mr. or Ms. (most commonly used in reference to men)

頃 (ころ) period; days

よおっ hey! [a greeting used among close male friends or to juniors in casual contexts]

久 (ひさ) しぶり (it's been) a while; long time no see

生きてたのか still alive? [a jocular greeting used among close male friends or to juniors in casual contexts]

肩 (かた) shoulder(s)

抱 (だ) きあい／抱きあう to hug (embrace); fall into each other's arms (Note: 肩を抱きあう = to embrace; put an arm around someone's shoulder [usually used among men].)

酒場 (さかば) bar; pub

ドアを押 (お) した／ドアを押す to open a door

何軒目か (なんげんめか) several places (bars) later

美人 (びじん) beautiful woman (girl); a beauty

ママ female manager or owner of a bar

愛敬 (あいきょう) (personal) charm; allure

振 (ふ) り撒 (ま) き／振り撒く to strew; scatter (Note: 愛嬌を振り撒く is to act in a charming and ingratiating manner in an attempt to gain the interest and goodwill of others.)

あっ oh [said when moved, surprised, etc.]

占い (うらない) fortunetelling; divination

覚 (おぼ) えた／覚える to learn; acquire (a new skill etc.)

当 (あ) たる to come true; prove correct

俺 (おれ) I [used by men among close friends or juniors]

運勢 (うんせい) fortune; luck

占 (うらな) って／占う to divine; tell (someone's fortune)

身 (み) the body

乗 (の) り出 (だ) す to lean forward → 身を乗り出す

一番好きな (いちばんすきな) favorite

なーに what? (Note: The drawn-out pronunciation is characteristic of women and children in informal situations.)

ウーンと [a word indicating mental or physical exertion (vowel elongated)]

昭和 (しょうわ) Showa period (1926–89)

重 (かさ) ねて／重ねる to overlay; repeat

六ケタ (ろっけた) six digits

「ああ」

3. 「これがあなたの運命数よ。その数が7で割り切れ
  れば、近いうちに思いがけないお金が手に入るわ。
    11で割り切れれば、すばらしい商談をまとめるわ。
    13で割り切れれば、理想の結婚相手にめぐりあえ
  るわ」

4. 「よし、計算してみるか」
  「駄目、駄目。あとで一人になったとき試してみて。
  サエタさんのほうはどうかしら」
  サエタ氏はニヤニヤ笑いながら、

5. 「オレは7が好きだから、運命数は728728だな」
  と答えたものの、占いにはあまり興味が湧かない様
  子だった。
  サエタ氏と別れて一人電車に乗ったマノビ氏は、早
  速ポケットから小さな計算機を取り出し、計算をや
  ってみた。（読者諸賢も試みられたし）彼は快哉を
  あげずにはいられなかった。

    翌日、駅前の売り場で宝くじを買ったのは、や
  はりこの占いのことが、頭のどこかに宿っていたか
  らだろう。
  —あの占い、当たるかな—
    半信半疑で買った一枚だったが、抽選日が来て
  みると、みごと百万円が的中した。
    マノビ氏が小躍りしたのは言うまでもない。
    それを追いかけるようにして、彼は会社で困難
  な商談を委ねられた。仲介者の手違いやら円高の影
  響やらがあって、一時はご破算にもなりかねない様
  子の、むつかしい取引だったが、"占いでは、うま

ああ uh-huh [a sound made to indicate that one is attending]

運命数 (うんめいすう) a number that determines your destiny

割 (わ) り切 (き) れれば／割り切れる to be divisible (by)

商談 (しょうだん) business negotiations

思 (おも) いがけない unexpected; unforeseen ➤ 思いがけない

手 (て) に入 (はい) る to get; obtain ➤ 手に入る

まとめる to close (a deal)

結婚相手 (けっこんあいて) marriage partner

よし all right! [uttered to show determination when embarking on something; generally by men]

計算 (けいさん) して／計算する to calculate

駄目 (だめ) no good

試 (ため) して／試す to try

ニヤニヤ笑 (わら) いながら／ニヤニヤ笑う to grin; smirk

ものの although ➤ ものの

興味 (きょうみ) が湧 (わ) かない／興味が湧く to become interested

様子 (ようす) appearance; look

早速 (さっそく) at once

読者 (どくしゃ) reader

諸賢 (しょけん) gentlemen [lit., sages] (Note: 読者諸賢 is an old-fashioned usage roughly equivalent to "gentle reader.")

試 (こころ) みられたし give it a try ➤ 試みられたし

快哉 (かいさい) をあげず／快哉をあげる to shout for joy ➤ 〜せずにはいられない

駅前 (えきまえ) in front of a (train) station

売り場 (うりば) place where something is sold

宝くじ (たからくじ) lottery (ticket)

宿 (やど) って／宿る to lodge; dwell (Note: 頭のどこかに宿っていた = was someplace at the back of the mind.)

半信半疑 (はんしんはんぎ) dubious; skeptical ➤ 半信半疑

一枚 (いちまい) [a counter for thin, paper-like objects] the ticket

抽選日 (ちゅうせんび) day of the drawing (lottery)

来 (き) てみる to come around; arrive

みごと splendidly; admirably ➤ みごと〜する

的中 (てきちゅう) した／的中する to hit the mark; win; get (a winning number)

小躍 (こおど) りした／小躍りする to jump for joy ➤ 小躍りする

言 (い) うまでもない it goes without saying ➤ 言うまでもない

追 (お) いかけるようにして hard on the heels of [lit., as if pursued]

委 (ゆだ) ねられた／委ねる to entrust with; put in charge of

仲介者 (ちゅうかいしゃ) go-between; agent; middleman

手違い (てちがい) error ➤ 手違い

やら etc. ➤ AやらBやら

円高 (えんだか) strong yen

影響 (えいきょう) influence

一時 (いちじ) at one time

ご破算 (はさん) になりかねない／ご破算になる to end in failure ➤ ご破算になる ➤ 〜かねない

取引 (とりひき) transaction; dealing

くいくと出た。とにかくガンバってみよう”マノビ
氏のねばりがものを言って、めでたく商談が成立し
た。勤務評定には二重丸がついたにちがいない。こ
うなると嫁さん捜しにも気あいが入る。彼は自分の
幸運を信じて、ガールフレンドとの結婚に踏み切っ
た。実際の話、結婚というものは、やってみなけれ
ばわからないところがある。二、三の危惧はあった
が、一緒に暮らしてみると、新妻は占いの結果通り
マノビ氏にとって理想の伴侶とわかった。

— あの占いがよかったんだ —

迷信と見られるものにも、なにほどかの根拠がある
のかもしれない。彼は占いを信じて行動したことを
われながら“本当によかった”と思った。

　　それから一年たってマノビ氏はサエタ氏と再会
した。

　　幸運の男があの美人ママの占いを話題にしたの
は、当然のことだ。

6.「みごと当たったよ。すごい占いだぜ、あれは」

　　サエタ氏は苦笑をしながら、

7.「馬鹿だな。あんなインチキな占いがあるものか。
　　三桁の数を二つ並べて六桁にすれば、どんな数でも
　　7と11と13で割り切れるんだ。ママにからかわ
　　れたんだよ」

「へーえ、そういう仕掛けになっていたのか」

「うん」

「あんた、知ってたのか、あの時」

「もちろん。だから、そばでニヤニヤ笑って見てた
じゃないか」

うまくいく to go well; work out

出 (で) た／出る to come up (with an answer or conclusion)

とにかく at any rate; anyway

ガンバって／がんばる to persevere; keep trying

粘り (ねばり) tenacity → ねばり

ものを言 (い) って／ものを言う to produce results → ものを言う

めでたく／めでたい happy; joyful; laudable → めでたく～する

成立 (せいりつ) した／成立する to materialize; be realized

勤務 (きんむ) work (at a company or other organization)

評定 (ひょうてい) rating; evaluation (Note: 勤務評定 = performance evaluation.)

二重丸 (にじゅうまる) a double circle (◎); a mark of excellence written on test papers, drawings, etc. in elementary schools and elsewhere

ついた／つく to be affixed (Note: 二重丸がつく means that high marks were given.)

ちがいない there is no doubt that → ～にちがいない

嫁 (よめ) bride; wife

捜 (さが) し／捜す to look for; search for

気あい (きあい) psychological energy

入 (はい) る to enter into (some undertaking with great energy) → ～に気あいが入る

信 (しん) じて／信じる to believe; trust

踏 (ふ) み切 (き) った／踏み切る to take the plunge → ～に踏み切る

実際 (じっさい) reality; the actual situation (Note: 実際の話 = the true story; the truth of the matter.)

やってみなければ／やってみる to try (it) and see (what happens)

危倶 (きぐ) apprehensive moments

一緒 (いっしょ) together

暮 (く) らして／暮らす to live

新妻 (にいづま) new wife

結果 (けっか) result

通り (どおり) just as [suffix] (Note: 占いの結果通り = just as foretold.) → ～通り

伴侶 (はんりょ) partner; companion

迷信 (めいしん) superstition

と見られる that appears to be → ～と見られる

なにほどか some; a degree of → なにほどか

根拠 (こんきょ) basis; grounds

行動 (こうどう) した／行動する to act; behave; conduct oneself

われながら though (it is) myself → われながら

再会 (さいかい) した／再会する to meet again

話題 (わだい) topic (of conversation)

当然 (とうぜん) (only) natural

すごい marvelous; terrific; great

ぜ [emphatic, casual particle used by men] → ぜ

苦笑 (くしょう) をし／苦笑をする to smile wryly; give a forced laugh

馬鹿 (ばか) fool, simpleton, etc.

あるものか could there be such a …? → ～ものか

インチキな fake; phony

並 (なら) べて／並べる to line up; put side by side

からかわれたんだ／からかう to make fun of; tease

へーえ [= へえ; spoken when surprised, moved, doubtful, etc.]

仕掛け (しかけ) trick

うん uh-huh [affirmative answer more casual than はい]

8.「フーン」

マノビ氏は複雑な表情を作った。

9.「じゃあ、あんたの運命数も割り切れたわけだな。
　７でも１１でも１３でも……」

「そうさ。だけどオレはそんなもの信じやしないよ。
担がれたのはあんただけだ」

「でも……」

マノビ氏が口ごもった。

10.担がれなかったあんたは、この一年幸運だったのか
　い？」

サエタ氏は仕事もうまくいかず、すてきな恋人
にも恵まれず、なにやらサラ金にも少し借財がある
らしかった。

フーン humph [a word expressing dissatisfaction, disparagement, etc.; here with the vowel elongated]

複雑な (ふくざつな) complicated

表情 (ひょうじょう) を作 (つく) った／表情を作る to make a facial expression; take on a certain look

さ [particle that lends a light touch to an emphatic statement]

信 (しん) じやしない／信じる to believe (Note: the formula やしない {食べやしない、走りやしない} adds negative stress.)

担 (かつ) がれた／担ぐ to take in; trick ➤ （人を）担ぐ

でも but

口 (くち) ごもった／口ごもる to be at a loss for words ➤ 口ごもる

恋人 (こいびと) girlfriend

恵 (めぐ) まれず／恵まれる to be blessed (with); be favored (with); to be fortunate enough to have, meet, etc. (Note: 恵まれず＝恵まれない。)

なにやら somehow or other ➤ なにやら

サラ金 (きん) consumer loan company, loan shark

借財 (しゃくざい) debt; borrowed money

Important Expressions

サエタ氏　[a play on the past tense of the verb 冴える (to be mentally sharp, penetrating)]

マノビ氏　[a play on the word 間延び, whose primary meaning is "drawn or spaced out" and whose secondary meaning is "not completely with it" or "spacy"]

身を乗り出す　[to lean forward; to adopt a position with one's upper body thrust forward in a show of interest]

✎ その子は身を乗り出してテレビのマンガ番組を見ていた。
　• マンガ番組（ばんぐみ）animated cartoon program

思いがけない　[completely unexpected (and therefore surprising)]

✎ 昨日、デパートで思いがけない人に会った。

手に入る　[to get hold of]

✎ 新鮮な魚が手に入ったから、今晩は魚料理を作ろう。
　• 新鮮な（しんせんな）fresh

ものの　[although; even though; but (indicates that what follows is contradictory to, or incompatible with, what precedes)]

✎ パソコンを買ったものの、使い方がわからなくて困っている。
　• パソコン personal computer
　• 困（こま）って／困る to be at a loss for what to do; be in a fix

試みられたし　[older Japanese which finds its modern equivalent in 試みてください (Please give it a try)]

✎ 明日朝五時に、ここに来られたし。
　• 明日（みょうにち）tomorrow
　• 来（こ）られたし please come

～ずにはいられない　[cannot help doing something (older usage equivalent to しないでいられない)]

✎ 禁煙をしていたが、みんながたばこを吸っていたので、吸わずにはいられなかった。
　• 禁煙（きんえん）をして／禁煙をする to give up smoking

半信半疑　[in a state of not knowing whether to believe or not believe; when stress falls on one or the other, it is usually on that of disbelief]

　✎　彼は約束はかならず守ると言ったが、今まで何度も約束を破っているから私は半信半疑だった。
　　　• 約束（やくそく）を守（まも）る to keep one's word
　　　• かならず〜する be sure to do, never fail to do
　　　• 約束を破（やぶ）って／約束を破る to go back on one's word

みごと〜する　[to attempt something difficult and accomplish it]

　✎　彼はみごと東京大学に合格した。
　　　• 合格（ごうかく）した／合格する to pass an examination; be accepted by a school

小躍りする　[to be so happy that one cannot stand still]

　✎　彼は「支店長に昇進した」と言って小躍りしている。
　　　• 支店長（してんちょう）branch manager
　　　• 昇進（しょうしん）した／昇進する to move up the promotional ladder

言うまでもない　[it goes without saying; needless to say]

　✎　子どもが学校へ行って勉強しなければならないのは言うまでもない。

手違い　[(unintentional) procedural error]

　✎　去年アメリカへ行った時、旅行会社の手違いでホテルの予約ができていなくて、非常に困った。
　　　• 旅行会社（りょこうがいしゃ）travel agency
　　　• 予約（よやく）reservation

AやらBやら　[A and B and such]

　✎　引っ越しする時は、荷造りやらそうじやら、しなければならないことが多い。
　　　• 引（ひ）っ越（こ）しする to move
　　　• 荷造り（にづくり）packing
　　　• そうじ cleaning

ご破算になる　[to have an effort fail and be back where one started (a term from abacus usage, when the beads are returned to the starting position)]

　✎　夏休みには家族でハワイに行く予定だったが、妻の病気でご破算になった。
　　　• 予定（よてい）plan

〜かねない　[it is not impossible that something may happen; something may well happen (usually with negative results)]

　✎　毎日こんなに夜遅くまで働いていては、病気になりかねない。

ねばり　[stick-to-itiveness; persistence]

　✎　むずかしい仕事を成功させるには、ねばりがたいせつだ。
　　• 成功（せいこう）させる／成功する to make a success of

ものを言う　[to have a decisive effect in accomplishing something]

　✎　語学力がものを言って、貿易会社に就職することができた。
　　• 語学力（ごがくりょく）facility at languages
　　• 貿易会社（ぼうえきがいしゃ）trading company
　　• 就職（しゅうしょく）する to find work; land a job

めでたく〜する　[to achieve a happy, joyful, or commendable result]

　✎　あの二人は先月めでたく結婚したそうだ。

〜にちがいない　[to make a statement with certainty, based on some kind of evidence]

　✎　彼は最近すごく顔色が悪い。病気にちがいない。
　　• 顔色（かおいろ）が悪（わる）い to look sickly

〜に気あいが入る　[to be all fired up]

　✎　オリンピック出場が決まったので、あの選手は練習に気あいが入っている。
　　• オリンピック Olympics
　　• 出場（しゅつじょう）participation

〜に踏み切る　[to undertake some risky endeavor in a decisive manner]

　✎　A社はB社との合併に踏み切った。
　　• 合併（がっぺい）merger

〜通り　[just as …]

　✎　みんなの予想通り、吉田氏が次期社長に就任した。
　　• 予想（よそう）forecast
　　• 就任した（しゅうにん）した／就任する to take up one's post
　　• 次期社長（じきしゃちょう）the next president

〜と見られる　[to be seen as; thought to be]

　✎　日本人は一般的に議論するのが下手だと見られている。
　　• 一般的（いっぱんてき）generally

- 議論（ぎろん）する to debate; argue; discuss

なにほどか [an undefined, usually small amount]

✎ 子供のころ、家の手伝いをしてなにほどかのおこづかいをもらうのが楽しみだった。
- 手伝い（てつだい）をして／手伝いをする to help out
- おこづかい pocket money; allowance
- 楽（たの）しみ something to look forward to

われながら [equivalent to "If I do say so myself" when praising one's own accomplishments]

✎ このケーキはわれながら上手に焼けた。
- 焼（や）けた／焼く to bake

ぜ [emphatic male particle used in casual contexts among friends and to juniors; below よ in politeness level]

✎ 「これ、うまいぜ。食べてみろよ。」
- うまい good

〜ものか [is it impossible that …? how could …? (rhetorical question expressing disdain; similar in its negative implications to はずがない)]

✎ あんな能力のない男が社長になれるものか。
- 能力（のうりょく）ability

（人を）担ぐ [to play a joke on; pull someone's leg]

✎ 「四月一日はエープリルフールだから、その日だけは人を担いでもいいんだよ。」
- エープリルフール April Fools' Day

口ごもる [to be unsure what to say next for particular reasons, and therefore stop after having said a few words]

✎ 彼に「仕事はどうですか」と聞いたら、「まあね」と口ごもっていた。
- まあね oh, so-so

なにやら [something or other; an undefined and unknown entity]

✎ 庭のすみでなにやら黒いものが動いた。ねこでもいるのだろうか。
- すみ a corner

I. Check the left-hand margin of the story and indicate below who spoke the numbered lines.

a. サエタ氏 b. マノビ氏 c. 美人のママ

1. (　) 2. (　) 3. (　) 4. (　) 5. (　) 6. (　) 7. (　) 8. (　)
9. (　) 10. (　)

II. Match the items below to show the emotional nuances being expressed.

(1) 二人は肩を抱き合い　　a. 本当にばかだなあ
　　酒場のドアを押した

(2) 身を乗り出した　　　　b. うれしくてたまらない

(3) ニヤニヤ笑いながら　　c. ひさしぶりに会って、うれしい

(4) 小躍りした　　　　　　d. まだうそだとわかっていないなんて
　　　　　　　　　　　　　　あきれた

(5) 気あいが入る　　　　　e. おもしろそうだ。聞きたい。

(6) 苦笑をしながら　　　　f. 占いがあたったと思っていたのはま
　　　　　　　　　　　　　　ちがいだったのか

(7) 複雑な表情を作った　　g. いっしょうけんめいやろう

III.

(1) From the alphabetized items below, choose those that describe the personalities of the two main characters and write them within the parentheses.

　　A. サエタ氏　　(　　　　)
　　B. マノビ氏　　(　　　　)
　　a. 人にかつがれやすい
　　b. 人になかなかだまされない
　　c. すぐに人を信じる
　　d. たいへん優秀だ
　　e. なかなか人を信じない

(2) Why did the author write the following: 「身を乗り出したのはマ
ノビ氏のほうだった。」

　　a. マノビ氏は美人のママが好きだったと言いたかったから

b. マノビ氏は興味をもったが、サエタ氏はあまり興味をもたなかったと言いたかったから

c. マノビ氏は簡単にだまされたと言いたかったから

d. マノビ氏に比べてサエタ氏は頭がいいと言いたかったから

(3) Why did the proprietress of the pub say,「あとで一人になったとき試してみて。」

　a. 計算がむずかしくて時間がかかるから

　b. マノビ氏は計算がじょうずではないから

　c. みんな同じ結果になるのがわかるとこまるから

　d. サエタ氏が本当のことを知っているから

(4) Why was the following said of サエタ氏：「占いにはあまり興味が湧かない様子だった。」

　a. 美人のママの占いの仕掛けがわかっていたから

　b. マノビ氏のすることはすきではなかったから

　c. 占いを信じていなかったから

　d. 美人のママに興味があったから

(5) Give all the reasons possible from below why the following was said of マノビ氏：「快哉をあげずにはいられなかった。」

　a. 運命数が7で割り切れた

　b. 運命数が11で割り切れた

　c. 運命数が13で割り切れた

　d. 運命数が7で割り切れなかった

　e. 運命数が11で割り切れなかった

　f. 運命数が13で割り切れなかった

(6) From the list below, which is the closest in meaning to the following:「勤務評定には二重丸がついた」

　a. 商談が成立したので特別にボーナスをもらうこと

　b. 勤務成績がたいへんよくなること

　c. 勤務成績に〇をふたつ書くこと

　d. 上司にほめられること

(7) Why was the following verb used in reference to マノビ氏：「口ごもった。」

　a. 自分だけが担がれてはずかしかったから

　b. まちがった占いを信じていた自分はこの一年幸運だったと言いたかったから

　c. 担がれなかったサエタ氏はまじめすぎてつまらない人だと思ったから

　d. サエタ氏に言われたことの意味がわからなかったから

IV. Choose the appropriate wording to complete the following sentences.

(1) 今日会社で思いがけない（　）。
　　a. 課長に注意された
　　b. 人に会った
　　c. お客さんが来なかった。
　　d. 家内から電話があった。

(2) 今度彼はみごと社長に（　）。
　　a. なれなかった
　　b. しかられた
　　c. なった
　　d. 会った

(3) わが社は来年の春から（　）に踏み切ることになった。
　　a. 定年制の廃止
　　b. 忘年会
　　c. 市場調査
　　d. 社員の有給休暇

(4) あのふたりは　めでたく（　）そうです。
　　a. 離婚した
　　b. 連休に旅行することにした
　　c. 給料を減らされた
　　d. 結婚した

(5) 今年は夏休みを二週間はほしいと思ったものの（　）。
　　a. 三週間もらえた
　　b. 一週間しかもらえなかった
　　c. 二週間もらえた
　　d. 一か月もらうことにした

V. Match the items below with similar meaning.

(1) 愛敬を振り撒く　　　a. まちがい

(2) 手違い　　　　　　　b. たいへんいい評価

(3) ものを言う　　　　　c. だます

(4) 二重丸　　　　　　　d. まわりの人に笑顔を見せる

(5) 担ぐ　　　　　　　　e. 頭がよくて優秀だ

(6) さえた　　　　　　　f. 効果がある

Answers

   I. 1. (c) 2. (b) 3. (c) 4. (b) 5. (a) 6. (b) 7. (a) 8. (b) 9. (b)
      10. (b)

  II. (1) c (2) e (3) a (4) b (5) g (6) d (7) f

 III. (1) A (b, d, e) B (a, c) (2) b (3) c (4) a (5) a, b, c (6) b (7)
      b

  IV. (1) b (2) c (3) a (4) d (5) b

最期のメッセージ

時刻は午前二時過ぎ。夜のとばりが裏通りの町を黒々とおおっていた。

梨本は灰色の衣裳に身を包んでマンションのバルコニィにうずくまっていた。

裏庭の高い公孫樹の幹を登れば、たやすくこのバルコニィに侵入できる。不用心には違いないが、梨本にとってはすこぶる好都合な立地条件だった。

間もなく亜矢子が帰宅するだろう。

そして、空気を入れ替えるためにバルコニィに面したガラス戸を開く。それからバス・タブにお湯を注ぐためにバス・ルームへ消える。その瞬間が部屋へ忍び込むチャンスだった。

帰宅時間も、帰ってからの行動も下調べはもう充分にできている。準備の時間はありあまるほどあったのだから……。

― 亜矢子を殺そう ―

そう決心したのは五年前のことだ。

遠い昔の怨恨をいつまでも変わらずに抱き続けていたのは、なにはともあれ梨本の執念深さのせいだろうが、それとはべつに亜矢子の仕打ちも恨まれて仕方ないほどにひどかった。

W o r d   L i s t

最期（さいご）one's last moment; on one's deathbed

時刻（じこく）time of day

とばり curtain [here used figuratively] (Note: 夜のとばり = the curtain of night.)

裏通り（うらどおり）back street

おおって／おおう to cover

梨本（なしもと）(surname)

衣裳（いしょう）clothes; dress

身（み）the body

包（つつ）んで／包む to wrap (Note: 身を包む = to dress oneself.)

マンション multistory apartment

うずくまって／うずくまる to crouch; squat down

裏庭（うらにわ）backyard

公孫樹（いちょう）maidenhair tree; ginkgo

幹（みき）tree trunk

登（のぼ）れば／昇る to climb

たやすく／たやすい；easy; effortless

侵入（しんにゅう）できる／侵入する to enter illegally

不用心（ぶようじん）unsafe; insecure

違（ちが）いない there is no doubt (Note: ～にちがいない is used to make a statement with certainty, based on some kind of evidence.)

すこぶる very (much); greatly

好都合な（こうつごうな）favorable; convenient; fortunate

立地条件（りっちじょうけん）geographical conditions

亜矢子（あやこ）[personal name]

帰宅（きたく）する to return home

入（い）れ替（か）える to change; replace (Note: 空気を入れ替える = to air out the room.)

面（めん）した／面する to face; look out on

注（そそ）ぐ to pour

消（き）える to disappear (Note: バスルームへ消える = to disappear into the bathroom.)

瞬間（しゅんかん）moment

部屋（へや）room

忍（しの）び込（こ）む to steal (sneak) into

行動（こうどう）movements; behavior

下調べ（したしらべ）preliminary investigation

充分に（じゅうぶんに）fully; thoroughly

準備（じゅんび）preparation

ありあまる to be more than enough ➤ ありあまるほど

殺（ころ）そう／殺す to kill

決心（けっしん）した／決心する to make up one's mind; resolve

怨恨（えんこん）grudge; rancor

変（か）わらずに unchanged (Note: = 変わらないで.)

抱（いだ）き続（つづ）けて／抱き続ける to keep harboring

なにはともあれ first and foremost ➤ なにはともあれ

執念深さ（しゅうねんぶかさ）／執念深い vindictive

のせい because of; owing to ➤ ～のは～のせいだろう

仕打ち（しうち）cruel treatment

恨（うら）まれて／恨む to bear a grudge against

仕方ない（しかたない）it can't be helped (if) ➤ ～ても仕方がない

あのころの梨本は真面目なサラリーマン。たまたま社用で飲みに行ったクラブで亜矢子と知り合い、真実惚れ込んでしまった。

　亜矢子はいいカモが現われたとでも思ったにちがいない。自分のほうも梨本に気があるようなふりをして、せっせと貢がせた。

　梨本が結婚資金のためにと貯えておいた預金もみるみるうちに底をつき、会社の金にまで手をつけるようになった。

「いいじゃない。クビになったら二人でお店をやりましょ。あたしはサラリーマンの奥さんにはなれないタイプだし、あなただって一生人に使われてたんじゃ、つまらないでしょ」

「本当にオレと結婚してくれるんだね」

「もちろんよ。あなたなしじゃ、あたし、生きられないわ」

　まだ年齢も若く世間知らずだった梨本は亜矢子の甘言に操られ、前後の見さかいもなく会社の金を使った。

　当然の帰着として使い込みは露見し、彼は会社をクビになった。刑事事件にならなかったのがせめてものさいわいだったろう。

　ところが、そうなると亜矢子の態度がガラリと変った。

「馬鹿ね。あんなこと本気にしてたの。あたしが、あんたみたいな男、本心で好きになるわけないじゃない。田舎者のくせに……」

　怒りが体を震わせたが、理性がかろうじて無分別な行動を押さえた。

　事情を知れば知るほど、亜矢子はひどい女だった。梨本と親しくしていた時だって、何人ほかに男がいた

真面目な（まじめな）serious-minded
社用（しゃよう）company expense
真実（しんじつ）really; truly
惚（ほ）れ込（こ）んで／惚れ込む to fall head over heels for
いいカモ easy mark; sucker
気（き）がある to be interested in
ようなふりをする to pretend as though → 〜ようなふりをする
せっせと busily; industriously
貢（みつ）がせた／貢ぐ to support financially; bring home the goods
資金（しきん）funds
貯（たくわ）えて／貯える to lay aside
預金（よきん）savings
みるみるうちに in the twinkling of an eye → みるみるうちに
底（そこ）をつき／底をつく to hit rock bottom → 底をつく
手（て）をつける to embezzle
いいじゃない what's the problem
クビになったら／くびになる to get fired
やりましょ／やる to carry out a certain action (Note: 店をやる = to operate a business establishment.)
でしょ ＝でしょう [here characteristic of women's speech when talking in a coy, girlish manner]
だって even
使（つか）われて／使う to use (for work) (Note: 人に使われる = to work under someone.)
つまらない unsatisfying; unfulfilling
オレ（＝俺）I [male usage in informal contexts]
年齢（ねんれい）age
世間知らず（せけんしらず）a simple, naive person
甘言（かんげん）cajolery; wheedling [lit., sweet words; cf. colloquial 甘い言葉, with same meaning]
操（あやつ）られ／操る to manipulate

前後（ぜんご）situation; context
見（み）さかい discrimination; perception → 前後の見さかいもなく
帰着（きちゃく）outcome
使い込み（つかいこみ）embezzlement; misappropriation
露見（ろけん）し／露見する to come to light; be exposed
刑事事件（けいじじけん）criminal case
せめてもの only; sole
さいわい good fortune → せめてものさいわい
だったろう ＝だっただろう [informal contraction]
ところが however; yet
ガラリと completely → ガラリと変わる
馬鹿（ばか）fool; simpleton
本気（ほんき）にしてた／本気にする to take seriously (Note: してた is a colloquial contraction of していた.) → 本気にする
あんた [a colloquial version of あなた, here used disparagingly]
みたいな like; as
本心（ほんしん）true thoughts (Note: 本心で = truly; genuinely.)
わけないじゃない／わけがない it simply isn't possible that … → 〜わけないじゃない
田舎者（いなかもの）bumpkin; lout
くせに despite your being … → 〜のくせに
怒り（いかり）anger; rage
震（ふる）わせた／震わせる to make tremble
理性（りせい）reason
かろうじて barely; with difficulty
無分別な（むふんべつな）rash
事情（じじょう）circumstances
親（した）しくして／親しくする to be on friendly terms with
だって even → 〜だって

かわからない。そんな男達と乳繰りあいながら、

「あの馬鹿、いまに会社をクビになるのよ。お情けでつきあってやってるだけよ。あたし、ああいうドジな男を見てるとイライラして来て、わざと駄目にしてやりたくなっちゃうの。早く失敗しないかしら。そういう心理ってあるのよね」

と、あざ笑っていたのだ。

― とても許せない。生かしてはおけない ―

そう思ったが、すぐに行動を起こすのには危険が多過ぎた。

― よし、五年待ってやろう ―

もともと男出入りの多い女だ。五年もたってしまえば、たとえ彼女が殺されても梨本のことを思い出す者はほとんどいるまい。

彼はそう思って、はやる心を必死に押さえた。

その五年の間に梨本の生活が好転していたら彼の執念もそう長続きはしなかっただろう。

だが、あいにくと悪いことばかりが続いた。

いったん使い込みで解雇された男のところには、もう二度とまともな仕事は廻って来なかった。優秀な成績で大学を卒業したこともさして役には立ってくれなかった。

今ではもうその日の生活にも困惑するありさまだ。いかがわしい生活が身につき、万引き、引ったくり、詐欺にまで手を染めた。まだ警察の厄介にこそ一度もなっていなかったが……。われながら情けない。

― こうなったのも、みんなあの女のせいだ ―

五年の歳月が流れ、過去の決心があらためて梨本の

乳（ちち）繰（く）りあい／乳繰
りあう to meet clandestinely and
make love → 乳繰り合う

今に（いまに）before long

情け（なさけ）sympathy; pity → お
情けで

つきあって／つきあう to associ-
ate with; meet; go out with

ドジな blundering; bungling

やってる ＝やっている

イライラして来（き）て／いらい
らして来る to become irritated

わざと on purpose; deliberately

駄目（だめ）にして／駄目にする
to ruin

失敗（しっぱい）しない／失敗す
る to fail; blunder

心理（しんり）psychology

あざ笑（わら）って／あざ笑うto
sneer at; deride

許（ゆる）せない／許す to forgive
(Note: とても許せない = to be ab-
solutely unforgivable.) → とても

生（い）かしてはおけない／生かし
ておく to let someone go on living

起（お）こす to begin; start → 行動
を起こす

危険（きけん）risk; danger

もともと by nature; from the start

男出入り（おとこでいり）visiting
(comings and goings) by men friends

いるまい ＝いないだろう

はやる to be eager (Note: はやる心
= "quickening heart," feelings of
eagerness or impatience.)

必死に（ひっしに）desperately

好転（こうてん）して／好転する
to take a turn for the better

執念（しゅうねん）implacability

あいにくと unfortunately

いったん once

解雇（かいこ）された／解雇する
to dismiss; fire

まともな decent

廻（まわ）って来（こ）なかった／
廻って来る to come one's way

成績（せいせき）record

さして not very; not so much [fol-
lowed by a negative]

役（やく）には立（た）って／役
に立つ be useful

今（いま）では (even) now

もう [a colloquial exclamation ex-
pressing slight criticism or reproof]

その日（ひ）to day day to day

困惑（こんわく）する to be at a
loss; be at one's wits' end

ありさま condition

いかがわしい dubious; shady

身（み）につき／身につく to ac-
quire

万引き（まんびき）shoplifting

引（ひ）ったくり purse-snatching

詐欺（さぎ）fraud; swindling

手（て）を染（そ）めた／手を染
める to take up [lit., to get dye on
one's hands] → 〜に手を染める

警察（けいさつ）the police

厄介（やっかい）になる to receive
the kind protection of [here used
in its common ironic sense]; be
taken into custody

こそ [adds emphasis to the preced-
ing word, indicating that while
not actually taken into custody, he
had done things that warranted it]

われながら even though he said (or
thought) so himself

情（なさ）けない (it was) pretty
pathetic → われながら情けない

こうなった／こうなる to turn out
this way

みんな all of it

せい because of; due to

歳月（さいげつ）time; years

過去（かこ）the past

決心（けっしん）resolve

あらためて again; once more

体を熱くした。

　亜矢子はなんの罰を受けることもなく、相変らず調子よく生きている。収入もたんまりとあるらしく、以前よりさらに贅沢な生活を続けている。

　それを垣間見ては、もう復讐をせずにはいられない。
─ よし、やってやる ─

　もとより別れてこのかた、亜矢子とはなんの接触もなかった。梨本は相手に気づかれないように調査を進め、計画は完成した。あとはただ積年の恨みをこめて亜矢子の命を奪えばそれでよかった。

　ドキン。

　バルコニィの窓にあかりがともった。亜矢子が帰って来たらしい。梨本は壁のすきまに身を隠した。案の定、バルコニィのドアが開いた。

　亜矢子は鼻歌を歌っている。ドレスを脱ぐジッパーの音が響いた。窓越しにそっと窺うと、ホロ酔い加減の足取りでバス・ルームのほうへ行く。梨本は水音に耳を傾けながら、スルリと部屋の中へ忍び込んだ。

　まっ白い、豪華な家具が部屋を満たしている。毛足の長い絨毯、いかにも高価そうな油絵。みんな男の生き血を吸って買い漁ったものにちがいない。

　ル、ルン。

　電話のベルが鳴った。

　梨本は慌ててカーテンの陰に身を滑らせた。

　バス・ルームのドアがあき、亜矢子はバルコニィのドアを閉じながら小走りに電話機に走り寄った。
「もし、もし、ああ、山さんなの。うん、いま帰ったとこよ。元気よォ。ウフフフ」

体 (からだ) を熱 (あつ) くした／体を熱くする to fill with passion

罰を受ける to receive punishment → なんの〜を〜こともない

調子 (ちょうし) よく生 (い) きる to get along famously

たんまり plenty; a great deal

贅沢な (ぜいたくな) luxurious

垣間 (かいま) 見 (み) て／垣間見る to catch a glimpse (from hiding)

復讐 (ふくしゅう) せず／復讐する to take revenge → 〜ずにはいられない

やってやる I'll kill her [of the two instances of やる here, the first substitutes for a previously mentioned or understood verb, and the second shows strong emotion in making a brash or aggressive statement]

もとより of course

別 (わか) れて／別れる to go separate ways

このかた since → 〜このかた

接触 (せっしょく) contact

相手 (あいて) other party (i.e., her)

気 (き) づかれない／気づく to notice

調査 (ちょうさ) investigation; reconnaissance work

積年 (せきねん) long standing

恨 (うら) み ill will; grudge; (a desire for) revenge

こめて／こめる to contain some intangible quality (e.g., emotion)

奪 (うば) えば／奪う to take (by force)

ドキン [sound of the throb of the heart when surprised, frightened, or overjoyed]

ともった／ともる to light up

すきま crevice

身 (み) を隠 (かく) した／身を隠す to hide oneself (one's body)

案の定 (あんのじょう) just as I thought; just as expected

鼻歌 (はなうた) を歌 (うた) って／鼻歌を歌う hum a tune

窓越し (まどごし) through the window → 窓越しに

そっと furtively

窺 (うかが) う to peek in → 窺う

ホロ酔 (よ) い (pleasantly) tipsy

加減 (かげん) state; condition

足取り (あしどり) gait; step

耳 (みみ) を傾 (かたむ) けながら／耳を傾ける to listen quietly or intently to → 耳を傾ける

毛足 (けあし) pile

絨毯 (じゅうたん) carpet

高価 (こうか) そうな seemingly high-priced; expensive-looking

油絵 (あぶらえ) oil painting

生き血 (いきち) blood of a living person; lifeblood

吸 (す) って／吸う to suck; drink

買 (か) い漁 (あさ) った／買い漁る to buy all one can find

ル、ルン [sound of the telephone ringing; commonly りんりん (suggesting that the telephone is expensive with a melodious sound)]

慌 (あわ) てて／慌てる to get flustered; to do in a hurry

陰 (かげ) dark place

身 (み) を滑 (すべ) らせた／身を滑らせる to slip bodily

小走りに (こばしりに) with light, rapid steps

走 (はし) り寄 (よ) った／走り寄る to run up to

ああ [sound made to express joy, sadness, or surprise; here the latter]

うん uh-huh [affirmative answer more casual than はい]

とこ =ところ

元気よ［ [the elongated よ is characteristic of coy or demure feminine speech]

ウフフフ =うふふ [a husky, half-suppressed laugh]

声の調子から察して相手は男友だちらしい。

　いや、男友だちというよりパトロンの一人かもしれない。

「あら、ホント。どこにいるのよ。あ、わかった、あそこのスナックでしょう」

　梨本はカーテンのすきまからそっと覗いてみた。

「わかるわよ。ジューク・ボックスでしょ。その店、古くさい歌ばっかり流すんだもン。聞こえる、聞こえる」

　亜矢子はスリップ一枚の姿で背を向けている。

　化粧机の上に白い電話機があり、亜矢子は右手で電話を取っている。電話機の隣にはメモ用紙。話しながら丸椅子に腰を落とし、左手にボールペンを取って、なにやらイタズラ書きを始めたらしい。

　— あいつは左ききだった —

　右手で電話を握るのも、電話をかけながらとりとめもないイタズラ書きをするのも、亜矢子の癖だった。

「知らないわよ。ウフフフ。あたし、子どもだったもン。ああ、"お富さん"ていう歌なの。調子いい歌ね」

　相手の男はどこかのスナックから電話をかけているのだろう。その店にはジューク・ボックスがあって、古めかしい"お富さん"の歌が流れているらしい。

「ああ、その男が昔の恋の恨みを言いに来るわけね。厭ぁねえ、イジイジして。もっとナウいのが好きよ」

　肩の動きを見ていると、昔抱いた白い体が脳裏に浮かぶ。形のいい乳房、まがまがしく繁った恥毛。

　— ベッドではいつも奔放に乱れる女だったな —

　だが、今はそんな思い出に浸っているときではなかった。復讐の炎を熱く熱く燃やさなければなるまい。

調子（ちょうし）tone

察（さっ）して／察する to surmise

いや rather [used to negate what oneself has just said]

パトロン patron; sugar daddy

スナック＝スナック・バー [a bar at which light meals are served]

すきま crack

覗（のぞ）いて／覗く to peek

古（ふる）くさい out-of-date; old-fashioned

流（なが）すんだ／流す to play (music over a loudspeaker system)

スリップ slip (undergarment)

姿（すがた）outward appearance

背（せ）を向（む）けて／背を向ける to turn one's back in a certain direction

化粧机（けしょうづくえ）dressing table

隣（となり）beside (next to)

メモ用紙（ようし）scratch pad

丸椅子（まるいす）stool

腰（こし）を落（お）とし／腰を落とす to sit down [mainly in reference to chairs, stools, etc.]

なにやら something or other ➤ なにやら

イタズラ書（が）き doodling

あいつ she [used as a third person pronoun to express either familiarity or disdain]

左（ひだり）きき left-handed

握（にぎ）る to grip; hold

とりとめもない meaningless; pointless; random

癖（くせ）(personal) habit

お富（とみ）さん [woman's personal name; protagonist in song]

古（ふる）めかしい old-style; something out of the past; old-fashioned [used predominantly of clothes, buildings, and furniture]

調子いい歌 song with a lively beat

恋（こい）love

厭ぁ（いやぁ）disgusting [with the vowel elongated for emphasis in a typically feminine way]

イジイジして weak and indecisive, with a suggestion of brooding

ナウい new ("cool") (Note: from the English "now.")

肩（かた）shoulder(s)

動き（うごき）movement

抱（だ）いた／抱く to embrace

脳裏（のうり）に浮（う）かぶ to come to mind

乳房（ちぶさ）breasts

まがまがしく／まがまがしい ill-omened; sinister-looking

繁（しげ）った／繁る to grow rampantly

恥毛（ちもう）pubic hair

奔放に（ほんぽうに）wildly; without restraint

乱（みだ）れる to lose control of oneself

思い出（おもいで）memories

浸（ひた）って／浸る to indulge in

炎（ほのお）flame; blaze

熱（あつ）く／熱い hot

燃（も）やさなければ／燃やす to burn; set ablaze (Note: 〜なければなるまい is archaic and might be translated here as "must" or "should.")

「うん、いいわよ。来て。すぐに来て。待ってるから。じゃあね」

　ククッと乾いた音が聞こえて亜矢子が電話を切った。

— 間もなく男がやって来るらしい —

　グズグズはしてられない。梨本は一つ大きく息をついてから、カーテンの陰を出た。亜矢子は頰に手を当てて、なにか思案している……。

　一瞬、背後に人の気配を感じて彼女は振り向いた。

　梨本は飛びかかった。

　声をあげようとしたが、それよりも口をふさぐ手のほうが速かった。つけまつげの目が驚愕でポッカリと開いた。梨本は無我夢中だった。

　次に気がついたときには、亜矢子の華奢な体はもうぐったりと腕の中に崩れていた。

　大急ぎでハンドバッグを探った。一万円札が七、八枚ひらめいて落ちる。箪笥の小引出しも次々に開いて物色した。

　金品目当ての犯行と見せかける必要があった。それに……梨本自身、聖徳太子さまにはおおいに不自由している矢先だったし、言わば行きがけの駄賃としてもなにがしかの実入りがあるほうが望ましかった。

　室内を充分に荒したところで、彼はバルコニィの窓をくぐって外に出た。

　周囲を見廻す。

　だれかに見られた心配はなさそうだ。公孫樹の木をスルスルと滑り降りて足早に立ち去った。

— 流しの者の犯行と見られるだろう—

道を急ぎながら、梨本は自分の行動を一つ一つ思い返

ククッと to giggle; titter (usually with 笑う; also くっくっと)

乾（かわ）いた／乾く to dry

やって来る to come (in this direction from a distance)

グズグズして／ぐずぐずする to waste time (without taking action) → 〜は〜てられない

息（いき）をついて／息をつく to take a breath

頬（ほお）cheek

当（あ）てて／当てる to put; place

思案（しあん）して／思案する to think; ponder

一瞬（いっしゅん）in that instant

背後（はいご）behind one's back

気配（けはい）sign; indication; feeling

感（かん）じて／感じる to feel; sense (Note: 人の気配を感じる = feel the presence of someone.)

振（ふ）り向（む）いた／振り向く to look back

飛（と）びかかった／飛びかかる to spring to the attack

ふさぐ to cover

つけまつげ false eyelashes

驚愕（きょうがく）astonishment

ポッカリ gaping; wide-open

無我夢中（むがむちゅう）in a frenzy; beside oneself

気（き）がついた／気がつく to come to oneself

華奢（きゃしゃ）な delicate; fragile

ぐったり limply

崩（くず）れて／崩れる to collapse

探（さぐ）った／探る to search through (by feel of hand)

ひらめいて／ひらめく to flutter

箪笥（たんす）chest of drawers

小引出し（こひきだし）small drawers

次々に（つぎつぎに）one after another

物色（ぶっしょく）した／物色する to rummage through

金品（きんぴん）money and other valuables

目当て（めあて）aim; purpose

犯行（はんこう）crime

見（み）せかける to give the appearance of

聖徳太子（しょうとくたいし）Prince Shotoku (Note: a likeness of Prince Shotoku formerly appeared on ¥10,000 bills.)

不自由（ふじゆう）して／不自由する to be suffering from a lack (of some essential)

矢先（やさき）just when …

言（い）わば so to speak

行（い）きがけ on the way

駄賃（だちん）reward; tip → 行きがけの駄賃

なにがしか a certain amount; some

実入り（みいり）harvest; profit

室内（しつない）(inside) the room

荒（あら）した／荒す to ransack → 〜ところ

くぐって／くぐる to go through (a narrow opening)

周囲（しゅうい）the surroundings

見（み）廻（わた）す to look around; survey

スルスルと smoothly; slickly

滑（すべ）り降（お）りて／滑り降りる to slide down

足早に（あしばやに）at a quick (brisk) pace

立（た）ち去（さ）った／立ち去る to leave; depart

流しの者（ながしのもの）drifter (Note: 流しの者の犯行 = a crime committed not in premeditation but on the spur of the moment by someone passing by.)

思（おも）い返（かえ）して／思い返す to go over (in one's mind)

してみたが、どこにもぬかりのあろうはずはなかった。

　翌日の新聞は早くもマンションのホステス殺しを報じていた。

　梨本が予想していた通り警察は金品目当ての泥棒が姿を認められて殺害した、と踏んでいるらしい。侵入口はバルコニィ。公孫樹の木を登って亜矢子の帰りを待っていたらしいことも正確に見抜いていた。

ーだが、まさか五年も昔の恋の恨みとは気がつくまいー

　それを思えばこそ、じっと我慢して機会を待ったのではなかったか。

「ざまぁみろ」

　梨本は安堵の息をつき、新聞をポンと投げ捨てた。だが……。

　その日の午後になって刑事が梨本のアパートにやって来た。

　手には逮捕状があった。

ーそう簡単にバレるはずがないー

　と、たかをくくっていた梨本も取調室に入って刑事の確信に満ちた様子に圧倒された。

ーどうしてわかったのだろう？ー

　刑事がボールペンの頭でポンポンと机を叩きながら言った。

「いい加減に吐いたらどうだ。証拠はあがっているんだぞ」

「証拠？なんの証拠ですか」

「とぼけるんじゃない。ダイイング・メッセージが残っている」

どこにも nowhere

ぬかり oversight; slip-up

あろうはずはなかった／あろうはずはない there could not possibly be

翌日（よくじつ）the next day

報（ほう）じて／報じる to report

予想（よそう）していた通（とお）り as he expected

泥棒（どろぼう）burglar

姿（すがた）を認（みと）められて／姿を認める to see someone (i.e., the burglar)

殺害（さつがい）した／殺害する to commit murder

踏（ふ）んでいる／踏む to see as; believe → 〜と踏む

侵入口（しんにゅうぐち）the avenue of entry

正確に（せいかくに）accurately; correctly

見（み）抜（ぬ）いて／見抜く to perceive; realize (despite appearances)

気（き）がつく to notice; realize (Note: 気がつくまい＝気がつかないだろう。)

それを思えばこそ precisely with that thought in mind (that no one would suspect him after five years)

じっと patiently

我慢（がまん）して／我慢する to be patient; sit tight

機会（きかい）opportunity; chance

ざまぁみろ＝ざまをみろ Serves her right (Note: Used when deriding someone's failure or misfortune.)

安堵（あんど）relief

ポンと [a light sound produced by something being hit, kicked, thrown, etc.]

投（な）げ捨（す）てた／投げ捨てる to throw away (Note: ポンと投げ捨てる＝to toss aside.)

刑事（けいじ）(police) detective

逮捕状（たいほじょう）arrest warrant

簡単に（かんたんに）easily; simply

バレる／ばれる to come to light; be found out

たかをくくって／たかをくくる to make light of → たかをくくる

取調室（とりしらべしつ）interrogation room

確信（かくしん）conviction; firm belief

満（み）ちた／満ちる to be full of; be filled with

様子（ようす）manner

圧倒（あっとう）された／圧倒する to overwhelm; overpower

机（つくえ）desk

叩（たた）きながら／叩く to tap

いい加減に（いいかげんに）(to be) about time → いい加減に〜したらどうだ

吐（は）いたら／吐く to spit out; spill it

証拠（しょうこ）はあがって／証拠があがる evidence comes to light

とぼける to play dumb

ダイイング・メッセージ last (written) words

残（の）って／残る to be left behind

「ダイイング・メッセージ？なんですか、それ」
「死ぬ間ぎわに被害者が殺した者の名を書き残しておくことだ」
「まさか……」
　梨本は表情を取りつくろいながら、前夜の状況を心に呼び戻した。
— そんな馬鹿なことができるはずがない —
　亜矢子は首を締められ、すぐに死んだはずだった。メッセージを残すひまなんか絶対になかった。
— 罠をかけているんだ —
　梨本はそう考えて、かたくなに否定したが、刑事はニンマリと笑いながらメモ用紙を彼の目の前に差し出した。
「ほら、見ろ。ここに書いてある、動機も、犯人の名も。間違いなく本人の筆跡だ」
　紙片には、たどたどしい筆跡で — 左手で書いたらしい筆跡で —“恋の恨み”“ＮＡＳＩＭＯＴＯ”と記してあった。
“恋の恨み”のほうは、すぐに見当がついた。
　亜矢子は男と電話で、流行歌の“お富さん”の話をしていた。与三郎がお富に対して“恋の恨み”を抱いていたのは本当だ。
— しかし、どうしてそこにオレの名を書いたのか —
　その理由がわからない。
　梨本がこの奇妙な謎のわけを知ったのは、留置場の朝まだき、刑事の厳しい追及にあって、すでになにもかも白状したあとだった。
　あの時、亜矢子は電話口で話しながら、いつもの癖

間（ま）ぎわに just before; on the verge of

被害者（ひがいしゃ）victim

書（か）き残（のこ）して／書き残す to leave in writing

まさか impossible

表情（ひょうじょう）expression

取（と）りつくろいながら／取りつくろう to put on a false front (Note: 表情を取りつくろう = put on a (deceptive) facial expression.)

状況（じょうきょう）situation

心（こころ）に呼（よ）び戻（もど）した／心に呼び戻す to recall to mind

馬鹿な（ばかな）absurd

締（し）められ／締める to choke

ひま time (necessary to do a particular task)

絶対に（ぜったいに）absolutely

罠（わな）をかけて／罠をかける to set a trap

かたくなに obstinately; stubbornly

否定（ひてい）した／否定する to deny

ニンマリと笑（わら）いながら／にんまりと笑う to wear a satisfied smile

差（さ）し出（だ）した／差し出す to hold (thrust) out

ほら [an exclamation calling for another person's attention to a particular matter]

動機（どうき）motive

犯人（はんにん）criminal

間違いなく（まちがいなく）unmistakably

本人（ほんにん）the person herself (himself)

筆跡（ひっせき）handwriting

紙片（しへん）piece (scrap) of paper

たどたどしい faltering; unsteady

記（しる）して／記す record in writing; inscribe

見当（けんとう）がついた／見当がつく to guess (what the situation is)

流行歌（りゅうこうか）"popular song"

与三郎（よさぶろう）[personal name of man in the song who is thrown over by Otomi]

理由（りゆう）reason

奇妙な（きみょうな）strange; odd

謎（なぞ）puzzle

わけ reason

留置場（りゅうちじょう）place of detention

朝まだき（あさまだき）predawn [archaic]

厳（きび）しい severe; relentless

追及（ついきゅう）investigation; questioning

あって／あう meet with; come up against

なにもかも everything; every single detail

白状（はくじょう）した／白状する to confess

で、心に浮かぶままの言葉をメモ用紙に記していた。

話のテーマは"お富さん"だった。

その名前をどうしてローマ字で書く気になったのか、微妙な心の動きは知るよしもない。

ただ、亜矢子は気まぐれに左手にボールペンを握り、左から右に"OTOMISAN"と記した。

それだけのことだった。

だが……なんということだ。

そのローマ字が右から左に読んで"NASIMOTO"になろうとは……いやサ、お釈迦さまでも、気がつくめェ。

心に浮かぶままの言葉 words as they come to mind

テーマ subject

微妙な（びみょうな）delicate; subtle

よし means; way → 知るよしもない

気（き）まぐれに whimsically

なんということだ What the—!

いやサ no (that's not right) [archaic; spoken when negating what one has just said and rephrasing it]

お釈迦（しゃか）さま Shakyamuni

気がつく to notice

めェ ＝まい will probably not (Note: いやサお釈迦さまでも気がつくめェ ＝ even the Buddha wouldn't notice, so likely no one else would either [male usage]; once a popular expression derived from lines in a Kabuki play.)

Important Expressions

ありあまるほど   [to the point of excess]
- ✎ 会社をやめたら時間がありあまるほどあって何をしたらいいか わからない。
  - 会社（かいしゃ）をやめたら／会社をやめる to retire; quit the company

なにはともあれ   [points out the primary consideration among many]
- ✎ 日本の会社に入りたかったら、なにはともあれ日本語を勉強し なければならない。

〜のは〜のせいだろう   [the reason for this thing is most likely that thing]
- ✎ 日本に来る外国人が減ったのは円高のせいだろう。
  - 円高（えんだか）strong yen

〜ても仕方がない   [it is only understandable that …; points out that if a person is suffering the consequences of some thoughtless action, then he or she has no grounds for complaint]
- ✎ あの人はよくうそをつく。皆から嫌われても仕方がない。
  - うそをつく to lie
  - 嫌（きら）われて／嫌われる to be disliked

〜ようなふりをする   [to present a deceptive appearance; to pretend]
- ✎ わかっていないのにわかったようなふりをしてはいけない。

みるみるうちに   [quickly; before one knows it; suggesting, if only figuratively, that the action takes place right before one's eyes]
- ✎ 新しいビジネスが成功して、あの人はみるみるうちに大金持ちに なった。
  - 成功（せいこう）して／成功する to succeed, to come out well
  - 大金持ち（おおがねもち）になった／大金持ちになる to become terribly rich

底をつく   [to have nothing left]
- ✎ 事業に失敗して、貯金も底をついてしまった。
  - 事業（じぎょう）business
  - 失敗（しっぱい）して／失敗する to fail

- 貯金（ちょきん）savings

前後の見さかいもなく　[without fully considering the outcome of an action; losing all sense of proportion]

✎ あの人は給料をもらうと、前後の見さかいもなく使ってしまう。
- 給料（きゅうりょう）salary

せめてものさいわい　[the one good thing amid all the misfortune]

✎ 地震ですべてを失ってしまったが、誰もけがをしなっかたのはせめてものさいわいだった。
- 地震（じしん）earthquake
- すべて all, everything
- けがをしなかった／けがをする to be injured

ガラリと変わる　[to be completely transformed]

✎ カーテンを変えたら、部屋のイメージがガラリと変わった。
- イメージ image; character; look

本気にする　[to take something said to be the truth]

✎ 誕生日に1カラットのダイヤモンドを買ってやると言ったら、ガールフレンドが本気にしてしまった。
- 1（いち）カラットのダイヤモンド one-carat diamond

～わけないじゃない　[something just doesn't make sense]

✎ あんなに元気な人が死ぬわけないじゃない。

～のくせに　[although …; used derogatorily in regard to people who are either stepping beyond what is seen as their proper station or who do not meet ordinary expectations for someone of their position]

✎ 日本人のくせに漢字が読めないんですか。

～だって　[even; more colloquial than でも and stronger in tone than も]

✎ そんなことは子供だって知ってるよ。

お情けで　[to do something out of sympathy]

✎ レポートはあまりよくないが、いつもまじめな学生だから、お情けで合格点をあげよう。
- 合格点（ごうかくてん）passing grade

とても　[absolutely; totally]

✎ サラリーマンにはそんな高級車はとても買えない。

- サラリーマン salaried worker; white-collar worker
- 高級車（こうきゅうしゃ）luxury car

行動を起こす　[to take action; go into action]

  ✎ 大地震の被害をうけた人達に水や食べものを送るなど政府はすぐに行動を起こした。
- 大地震（だいしん）devastating earthquake
- 被害（ひがい）をうけた／被害をうける to suffer damage
- 政府（せいふ）the government

～に手を染める　[to start a business etc.; to take up]

  ✎ なれないレストラン経営に手を染めて失敗した。
- なれない／慣れる to be skilled (practiced) at

われながら情けない　[it is a sad state of affairs even if I do say so myself (though I hate to admit it); indicating some chagrin at one's poor performance]

  ✎ こんな簡単な漢字も書けないなんてわれながら情けない。

なんの～を～こともない　[to do nothing whatsoever (nothing at all); followed by a negative]

  ✎ 手術ミスで患者が死んだが、医者はその家族に何の謝罪をすることもなかった。
- 手術（しゅじゅつ）surgery
- 患者（かんじゃ）patient
- 謝罪（しゃざい）apology

～ずにはいられない　[cannot help but do]

  ✎ あの悲しいニュースをきいて泣かずにはいられなかった。

～このかた　[since; following a noun or て verb form]

  ✎ 東京に転勤してきてこのかた、前に住んでいた京都の友人には一度も会っていない。
- 転勤（てんきん）する to be transferred

窓越しに　[through the window]

  ✎ 天気がいいときは窓越しに遠くの山が見える。
- 遠くの（とおくの）faraway, distant

窺う　[to peek in (out), usually furtively]

  ✎ 庭で音がしたので、外を窺ってみたが、だれもいなかった。

耳を傾ける　[to listen very quietly or intently]

  ✎ ブランデーを飲みながら、音楽に耳を傾けるのは最高だ。

• 最高（さいこう）superb; can't be beat

なにやら　[something unidentified or unidentifiable]
　　🖎 となりのへやからなにやら変な音が聞こえてくる。

〜は〜てられない　[＝〜てはいられない; cannot continue to do what one is doing; must take some action]
　　🖎 夫が死んだからといっていつまでも泣いてはいられない。

行きがけの駄賃　[refers to gaining some profit or benefit from doing something in addition to one's principal purpose; from the story of the packhorse driver who, sent to pick up some goods for the trip back, also found something to carry on the trip out and thus earned some extra money]
　　🖎 そのどろぼうは金目当てに盗みに入ったが、行きがけの駄賃に冷蔵庫のビールを飲んでしまった。
　　• 金目当てに（かねめあてに）for money

〜したところで　[after having …; after one action has come to a completion, the next one begins]
　　🖎 パーティ開会のあいさつが終わったところで、食事が始まった。
　　• 開会（かいかい）のあいさつ opening remarks

〜と踏む　[to surmise; take the view that]
　　🖎 あの人は自殺したのだと皆は言っているが、私は殺されたと踏んでいる。
　　• 自殺（じさつ）した／自殺する to commit suicide

たかをくくる　[to take something lightly]
　　🖎 胃が痛いのはが食べすぎのためだろうとたかをくくっていたが、検査をしたらガンが見つかった。
　　• 胃（い）stomach
　　• 検査（けんさ）checkup

いい加減に〜したらどうだ　[the meaning of this phrase is, in general, that you have gone too far already, so why not wise up and do what you obviously should do]
　　🖎 もう11時だ。いい加減に起きたらどうだ。

知るよしもない　[no way whatsoever to know]
　　🖎 関係者が皆死んでしまったので、あの事件のことは今では知るよしもない。
　　• 関係者（かんけいしゃ）persons concerned

I. The following lists Nashimoto actions. Write down the order in which they occurred.

(ア) 亜矢子のために会社の金を使ってしまった。

(イ) 亜矢子の部屋に忍び込み、亜矢子を殺した。

(ウ) 亜矢子に結婚の意志がないことを知った。

(エ) 生活に困り、詐欺にまで手を染めるようになった。

(オ) 社用で行ったクラブで、ホステスをしていた亜矢子と知り合った。

(カ) 亜矢子を殺す決意をした。

(キ) 逮捕状を持った刑事がアパートにやってきた。

(ク) 亜矢子とつき合い始め、結婚を考えるようになった。

(ケ) 新聞で「ホステス殺し」の記事を読んだ。

(コ) 会社をクビになった。

( ) → ( ) → ( ) → ( ) → ( ) → ( ) → ( ) → ( ) → ( ) → ( ) → ( )

II. Choose the correct answer for each question.

(1) 梨本が亜矢子を殺そうと思ったのはどうしてですか。
   a. 亜矢子のために会社のお金に手を出し、会社をクビになってしまったから。
   b. 会社をクビになったら、亜矢子が「結婚はやめよう」と言い出したから。
   c. 亜矢子が自分をばかにしていたことがわかったから。
   d. 亜矢子がぜいたくな生活を続けているから。

(2) 梨本がすぐ亜矢子を殺さなかったのはどうしてですか。
   a. きちんと計画を立ててから、亜矢子を殺そうと思ったから。
   b. 時間がたてば、亜矢子の気持ちが変わるかもしれないと思ったから。
   c. 今、亜矢子を殺そうとしたら、反対に自分が殺されるかもしれないと思ったから。
   d. 今、亜矢子を殺したら、すぐに自分が犯人だとわかってしまうと思ったから。

(3) 警察が亜矢子を殺したのは梨本だと確信したのはどうしてですか。

a. 亜矢子の部屋で梨本の書いたメモが見つかったから。

b. 亜矢子がダイイング・メッセージを残していたから。

c. 梨本が亜矢子を殺す計画を立てていたことを知っていた
から。

d. 梨本が亜矢子を恨んでいたことを知っていたから。

(4) 亜矢子がメモ用紙に"恋の恨み"と書いたのはどうしてで
すか。

a. 亜矢子は男と電話で"恋の恨み"を歌った"お富さん"と
いう歌の話をしていたから。

b. 亜矢子は男と電話で"恋の恨み"について話していたから。

c. 亜矢子は電話の相手の男に"恋の恨み"のために殺される
かもしれないと思ったから。

d. 亜矢子は自分が殺されたのは"恋の恨み"のためだという
メッセージを残そうと思ったから。

(5) 亜矢子のメモ用紙に"NASIMOTO"と書いてあったの
はどうしてですか。

a. 亜矢子が電話で男と話していた歌のタイトルをローマ字で
右から左へ書いた
から。

b. 亜矢子は電話で男と"お富さん"の話をしていて、梨本の
ことを思い出した
から。

c. 亜矢子は電話で"NASIMOTO"という男と話してい
たから。

d. 亜矢子が自分を殺したのは"NASIMOTO"という男
だというメッセージを残そうと思ったから。

III. Choose the correct answer for each question.

(1) 亜矢子が「いいカモが現われた」と思ったのはどうしてで
すか。

a. 梨本が真面目な人間で、お金をたくさん持っていたから。

b. 梨本が真面目な人間で、会社のお金を自由に使える立場だ
ったから。

c. 梨本が真面目な人間で、亜矢子の好きなタイプの男だった
から。

d. 梨本が真面目な人間で、亜矢子に夢中になっていたから。

(2) 亜矢子が梨本のことを「ドジな男」と言ったのはどうしてで
すか。

a. 亜矢子にだまされていることに気がつかずに、亜矢子と結
婚するための資金を一生懸命貯めているから。

b. 亜矢子にだまされていることに気がつかずに、会社のお金にまで手を出してしまったから。

c. 亜矢子と結婚して二人で店をやるために、サラリーマンをやめてしまったから。

d. 会社のお金に手を出したことがばれて、警察に捕まってしまったから。

(3) 梨本が「われながら情けない」と思ったのはどうしてですか。

　a. 会社の金を使い込んで解雇されてしまったから。

　b. 優秀な成績で大学を卒業したのに、まともな仕事をしていなかったから。

　c. 詐欺をして警察に捕まってしまったから。

　d. 人の物を盗んだり、人をだまして金を取ったりして生活していたから。

(4) 梨本が「グズグズはしてられない」と思ったのはどうしてですか。

　a. 亜矢子を殺したいと言う気持ちがなくなってしまうから。

　b. 亜矢子に気づかれてしまうから。

　c. 電話の相手の男が来てしまうから。

　d. 亜矢子がバスルームにもどってしまうから。

IV. In 1–7 below, what type of feelings are being expressed? Choose the items from a–h that coincide in meaning.

(1) 怒りが体を震わせた。　　　　(a) びっくりした。

(2) イライラして来て、……　　　(b) 信じられない。

(3) あざ笑って……　　　　　　　(c) ばかなやつだ。

(4) はやる心を必死に押さえた。　(d) 思ったとおりになった。

(5) ドキン。　　　　　　　　　　(e) どうして思ったとおりにならないのだろう。もう我慢できない。

(6) 厭ぁねえ、イジイジして。　　(f) あまりにもひどすぎる。許せない。

(7) 「まさか……」　　　　　　　(g) 落ち着かなければならない。

(8) ニンマリと笑いながら……　　(h) 暗くていやだなあ。

V. Choose expressions from a–c that have the closest meaning to the underlined passage.

(1) 都会の生活は便利には違いないが、自然に親しむことは難しい。

a. 便利である
　　b. 便利そうだ
　　c. 便利ではない

(2) あんな生活をしていたのだから、試験に落ちても仕方がない。
　　a. 試験に落ちるはずがない
　　b. 試験に落ちるのも当然だ
　　c. 試験に落ちても、何をしていいかわからない

(3) 「ボーナスをもらったら、半分あげてもいいよ。」と言ったら、
　　妹は本気にしてしまったようだ。
　　a. そのアイデアを本当に気にいった
　　b. その言葉を本当に信じた
　　c. その言葉を聞いて心配した

(4) あの子供はいつも経済新聞を読んでいる。まだ小学生のくせ
　　に……
　　a. 小学生なのに真面目だ
　　b. 小学生なのにすごい
　　c. 小学生なのにかわいくない

(5) このあたりでは、大地震は起こるまい。
　　a. 起こるはずがない
　　b. 起こらないだろう
　　c. 起こるかもしれない

(6) 彼は麻薬に手を染めた。
　　a. 麻薬で手を汚した
　　b. 麻薬に関係のある商売をやめた
　　c. 麻薬に関係のある商売を始めた

(7) 浮気をしていることなど、妻にバレようはずがない。
　　a. 絶対にバレることはない
　　b. たぶんバレることはない
　　c. 必ずバレる

(8) 警察は事故の原因はスピードの出し過ぎだと踏んでいる。
　　a. スピードの出し過ぎだということを明らかにした
　　b. スピードの出し過ぎだということを知っていた
　　c. スピードの出し過ぎだろうと予想している

VI. Choose the expressions from a–c which complete each sentence.

(1) 子供は、みるみるうちに（　）。
　　a. かわいい
　　b. よく遊ぶものだ
　　c. 大きくなる

(2) 彼は前後の見さかいもなく（　　）。
　　a. カードで買い物をする
　　b. カードを持ち歩く
　　c. カードをたくさん持っている

(3) 交通事故にあって、入院しなければならなかったが、（　　）
　　のが、せめてものさいわいだった。
　　a. 死ななかった
　　b. 死んだ
　　c. 死にそうな

(4) 今度の試験は（　　）と、たかをくくっている。
　　a. やさしいだろう
　　b. むずかしいだろう
　　c. きびしいだろう

Answers

   I. (オ) → (ク) → (ア) → (コ) → (ウ) → (カ) →
      (エ) → (イ) → (ケ) → (キ)
  II. (1) c (2) d (3) b (4) a (5) a
 III. (1) d (2) b (3) b (4) c
 IV. (1) f (2) e (3) c (4) g (5) a (6) h (7) b (8) d
  V. (1) a (2) b (3) b (4) c (5) b (6) c (7) a (8) c
 VI. (1) c (2) a (3) a (4) a

Afterword

Historical Context

There is no such thing as an innate ability to read kanji. No matter how much learners of Japanese marvel initially at the ability of Japanese to read and mentally process kanji characters, their wonder turns to sympathy when they realize how many hours Japanese children must spend each day learning and memorizing kanji throughout their school years.

This was not always the case. The introduction of kanji into the mainstream education system did not occur until the Meiji period. Prior to this, in the mid-1800's, the literacy rate in Japan was only around 40% for men and 15% for women. Kanji reading ability was limited to scholars, samurai, and the nobility. Publishers had to satisfy a wide range of proficiency levels in their readers, from the highly educated who read kanji, to the average reader who required furigana pronunciation guides, and then to the masses who could only read hiragana phonetic characters. Those hungry for the highest level of intellectual stimulation read Chinese texts with numbering aids (返り点　かえりてん), which attempted to show the Japanese reader in what order they should read the Chinese.

The Meiji industrial movement changed all this with the institution of universal education. Kanji education was made a standard part of the curriculum. Japanese literacy rates quickly became among the highest in the world. The Japanese printing industry developed techniques that made the printing and publishing of the Japanese language highly efficient. This led to a wide dissemination of information and made kanji a part of popular culture. Ironically, it also created one of the most ingrained and formidable barriers to accessing the culture for non-Japanese.

Japanese Information around the Globe

Today there is a tremendous international demand for information related to Japan. As one might expect, within Japan there is an abundance of information available in the Japanese language in numerous media forms. There are five national newspapers, seven major broadcasting networks, and several hundred book and magazine publishers, with five majors leading the pack. Television programs turn their attention to even the most obscure of topics, and there are special interest magazines covering the full spectrum of the society. Speakers of the Japanese language can find information on just about any subject imaginable. Outside of Japan, unfortunately, detailed information about the country is in short supply, and the information that is available is primarily in English.

People trying to access Japanese culture must either rely on the paucity of English-language sources or undertake the Herculean task of learning Japanese. English language information on Japan typically goes through the translation process, with inevitable time delays and distortions in meaning. Furthermore, economics places restrictions on what information will make its way into English and what will not. For general and introductory information, the English-based media is providing a valuable service. But for people who want to do more than scratch the surface, it proves far from sufficient.

A large number of non-native speakers have made the attempt to study Japanese in universities and commercial language schools. In recent years the interest level in Japanese among first-year U.S. college students has soared, placing it second only to Spanish in some surveys. The number of people said to be studying Japanese in the mid eighties in the United States was 50,000, a figure that is said to have grown to 400,000 today. Still, the study of the Japanese language is plagued by the burdens of learning kanji. Thus, in many colleges, standing-room-only first-year Japanese language classes become third-year classes manned by a few hardy survivors.

The situation in Japanese universities is also discouraging. Foreign students in Japan number approximately 30,000, compared to more than 300,000 foreign students studying in the United States. Ninety percent of the foreign students in Japan are Asian, with the number of American students amounting to less than 1,000. While the cost of living and housing are contributing factors, the principal nemesis is the language barrier. In the future, the attraction for students and researchers to work in Japan should intensify due to the growth of "science cities" and an increase in the corporate hiring of foreign researchers. The burden of studying Japanese, however, will remain the same.

The situation in Japan for foreign businesspeople is not much more encouraging. The cost of living has posed a major problem for companies. There are currently over 300,000 people working or studying in Japan. But in recent years foreign companies have been cutting back on their expatriate staff. In part, this has been in response to the enormous expense of maintaining such personnel, but it must also be viewed as a statement about the effectiveness of a great many of these people, who typically possess no Japanese language skills or background. Nonetheless, most major foreign corporations realize the need to do business in Japan and see inside information as critical to their success.

An Alternative Approach to Learning Japanese

Fully aware of the critical need for improving Japanese-language skills, we at Sentius (650 High Street, Palo Alto, California 94301 USA. Tel: (415) 473-0506. Fax: (415) 473 0507, E-mail: info@sentius.com), developers of multimedia and educational software, set out in April 1993 to provide a more efficient way to fill this linguistic gap, while at the same time providing insightful and relevant information on Japan. Our answer was an application called Mikan (which has now served as the basis for this book).

The word 見漢 (みかん) was coined to express the aim of the program, namely to enable people to simply look and then quickly read kanji. 見 comes from 見る (みる), which of course means "to look or to see," and 漢 (かん) is the first character of 漢字 (かんじ). The mikan orange, from the ease with which it can be peeled, is the symbol chosen to represent the concept of (relatively) painless learning. As it turns out, the character 漢, meaning "old China" in Japanese, means "mandarin" in Chinese.

Mikan is the first product to provide an integrated reading system that assists users with the key challenges of reading—i.e., pronunciation, meaning, context, and memorization—saving hundreds of hours in the process by eliminating the need to look up Japanese characters in a kanji dictionary. Users can now do all this by reading Japanese fiction and non-fiction on a Macintosh computer. When happening upon an unfamiliar character, word, or passage, you simply "click" it and a definition immediately pops up. The word can be saved to a Personal Dictionary for later review and quizzing.

Countless hours were spent with Japanese-language students to identify the four major challenges to reading Japanese. Mikan is based on these findings. It follows the natural way that people read and learn, making it simple to understand and easy to use. Because it eliminates the frustration of looking up kanji, Mikan encourages people to continue learning and eventually become fluent in Japanese.

Mikan is delivered with proprietary software called Sentius Read!, a Personal Dictionary (which works in tandem), and the full text to Nikkei's 日本経済入門 and five short stories by Takashi Atoda. Word definitions are derived from Kenkyusha dictionaries. All this is delivered on two floppy disks. Mikan and Sentius Read! run on Macintosh computers with Japanese-language software installed. The software includes an integrated glossary of definitions for over 10,000 words and the reading for every kanji in the Nikkei and Atoda texts. Over 1,000 pop-up grammar notes, called Hyper-Notes, explain difficult-to-read passages in greater detail or rephrase the Japanese in simpler language.

The software also allows learners of Japanese to build their own custom dictionary. This Personal Dictionary is a powerful relational database that allows the user to copy, store, and add words to build a custom dictionary. It also comes with a 500-word vocabulary list, which includes words related to specific categories, such as food and drink, politics, economics, family, or sports.

Both for individual and institutional use, Mikan has been aptly characterized by Jeremiah Stone in *Computing Japan*: "Mikan is a Zen-like study in minimalist elegance and simplicity." Those with the desire or need to read Japanese will find Mikan an efficient and enjoyable way to do it, and I hope that the student will find that it has served well in the creation of this book.

Marc Bookman